◀ 极简教育技术丛书 ▶

黎加厚 / 丛书主编

极简教育技术与小学语文教学

窦继红 / 编著

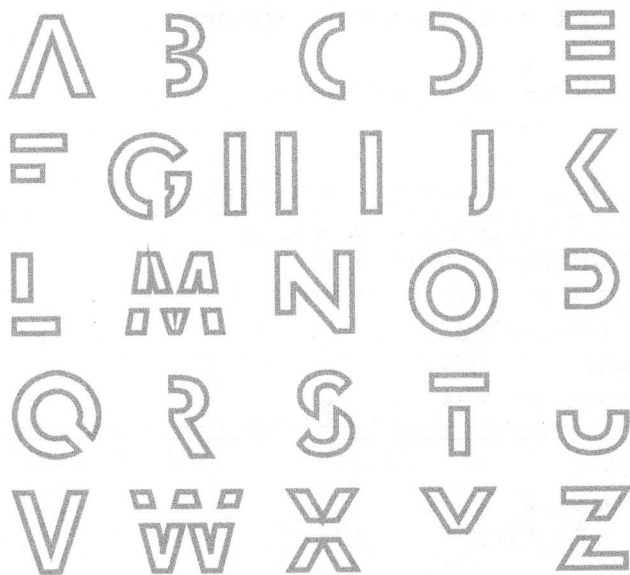

北京师范大学出版集团
BEIJING NORMAL UNIVERSITY PUBLISHING GROUP
北京师范大学出版社

图书在版编目（CIP）数据

极简教育技术与小学语文教学/窦继红编著. —北京：北京
师范大学出版社，2025.1

ISBN 978-7-303-28782-6

Ⅰ.①极… Ⅱ.①窦… Ⅲ.①小学语文课—教学研究
Ⅳ.①G623.202

中国国家版本馆 CIP 数据核字（2023）第 020184 号

JIJIAN JIAOYU JISHU YU XIAOXUE YUWEN JIAOXUE

出版发行：北京师范大学出版社 https://www.bnupg.com
　　　　　北京市西城区新街口外大街 12-3 号
　　　　　邮政编码：100088
印　　刷：北京虎彩文化传播有限公司
经　　销：全国新华书店
开　　本：787 mm×1092 mm　1/16
印　　张：14
字　　数：290 千字
版　　次：2025 年 1 月第 1 版
印　　次：2025 年 1 月第 1 次印刷
定　　价：58.00 元

策划编辑：冯谦益　　　　　责任编辑：郭　瑜
美术编辑：焦　丽　　　　　装帧设计：焦　丽
责任校对：段立超　　　　　责任印制：马　洁

总 序

这套丛书为什么叫"现代极简教育技术"丛书？这源于教育信息化四十多年发展的历史经验。

回首往事，一切烦琐的技术软件都随着岁月流逝飘去，大家离不开的教育技术是极简的技术，它操作简便、实用好用，能够迅速解决问题。

教育部强调要扎实推进国家教育数字化战略行动，提出"应用为王、服务至上、简洁高效、安全运行"的原则。现代极简教育技术就是把"应用—服务—简洁—安全"落实到每个教师和学生的教学活动中。

我想看看机器是如何认识极简教育技术的，就给一个生成式人工智能软件发送提示词：面对飞速发展的人工智能时代，大家都关心如何运用新技术赋能教育发展，请你为"现代极简教育技术"丛书撰写序言。

它立刻回复：

在今天这个充满机遇和挑战的时代，教育不再是传统的、单一的知识传授，而是需要根据时代和学生需求不断调整教学策略和手段。人工智能时代的到来，不仅为教育带来了无限可能，也为教师和学生带来了前所未有的挑战。在这个时代，使用简单、实用、有效的极简技术为教育注入新的能量，让学生掌握更多的技能，成为每一位教师的责任。

"现代极简教育技术"丛书旨在为广大教师提供一种方便、实用、有效的教学工具，让他们能够在课堂中更好地应对人工智能时代的挑战，让学生获得更加丰富和深入的教育体验。本套丛书不仅关注现代教育技术的前沿和创新，而且注重极简技术的应用，帮助教师尽快掌握基本的教学工具和技能，更好地发挥自己的教学优势。

在编写本丛书的过程中，我们深切地感受到了人工智能时代教育领域的创新和变革，同时也深刻地认识到了教育技术应用面临的挑战和机遇。本丛书力求以简洁明了的语言和实用有效的案例，为教师提供全面、深入了解在小学语文、数学、英语教学中应用现代极简教育技术的视角和方法。

我们希望本套丛书能够成为教师的得力工具，帮助他们更好地应对未来的挑战，为学生提供更加优质的教育服务。同时，我们也希望教育领域的专家、学者能够共同努力，推动教育技术的创新和发展，为教育事业的进步贡献自己的力量。

看到屏幕上它撰写的序言，我十分惊讶！今天，连机器都知道极简教育技术对教育发展的意义。

北京师范大学出版社组织"现代极简教育技术"丛书出版选题具有时代价值。出版社在多个有关教育技术在中小学教学中的应用的上报选题中，精心筛选出"现代极简教育技术"丛书，第一批共四本书：

1. 梁凯华主编《极简教育技术教师培训手册》
2. 窦继红编著《极简教育技术与小学语文教学》
3. 周雄俊主编《极简教育技术与小学数学教学》
4. 何其钢主编《极简教育技术与小学英语教学》

参加本丛书编写的作者都是长期工作在学科教学一线的优秀教师和近年来活跃在我国教育信息化领域的中青年学者，他们不仅务力学习和研究本专业领域的理论，而且积极参加各地中小学教师信息化教育培训工作，熟悉中小学教师在信息化教学中所遇到的问题和困难，并积累了丰富的信息化教学实践和改革经验。丛书的编写工作体现了作者团队对极简教育技术的思考和研究，体现了近年来在小学语文、数学、英语等学科教学领域和师资培训中应用极简教育技术的原创性、思想性、实用性、可操作性，体现了理论与实践相结合的中国式极简教育技术特色。

在具体的学科教学中，教师如何进行信息化教学设计，如何提高信息技术在教学中应用的有效性？数字化教育资源建设的方向和具体操作的策略是什么？教师如何针对不同教学问题和教学场景，恰当使用技术赋能减负增效？如何根据教师的实际需求组织信息技术能力提升培训活动？如何在学科教学中用好新技术，让师生有较高的获得感？这是当下教育数字化转型的时代背景下，每一所学校和每一位教师面临的现实问题。

本套丛书的编写将问题导向、基于学科教学的情境作为分类主线，便于读者学习掌握。丛书汇集了基于国家新课程标准的教学设计策略、极简教育技术支持的教学活动案例、实用技术软件的操作使用培训资料、教学资源及网址等。

丛书强调实用性、易学性、针对性，力争做到所有介绍的新技术在教学中的应用必须是"一看就懂、能用好用"。丛书根据不同学科的具体特点，汇集了来自教学一线的学科教师给出的问题方案，包括新的教育理念、新的教学策略、可供读者拿来就用的教学软件和小程序、教学设计方法和案例、可用的教育资源等，让读者在丛书中找到自己所需的极简教育技术。

本套丛书的读者定位是广大中小学教师，强调理论联系实际，解决学科教学各个环节中遇到的具体问题，为提高信息化教学质量服务。

感谢参与本套丛书编写的所有人员对丛书编写工作的倾力投入和支持，感谢丛书作者所在单位的有关领导对丛书和作者的支持，感谢北京师范大学出版社对教育数字化发展战略的支持以及为丛书的出版所付出的辛勤劳动。

本套丛书可以作为中小学教师信息化教育的理论和技术参考书、教师继续教育培训教材、高等院校师范专业的公共教材、高校教育技术专业的研究生和本科生的参考用书。

由于教育数字化转型发展较快，特别是生成式人工智能的飞速发展，教师智能化教学设计能力的提升将面临新的挑战和机遇。

在《极简教育技术教师培训手册》分册中，作者介绍了如何使用生成式人工智能促进教师专业发展的最新内容。目前全球亿万用户每天都在与生成式人工智能互动，而且，我们从事的教育数字化转型是人类教育发展史上从来没有遇到的新事物，一切都在探索和实践中，因此，本套丛书滞后于生成式人工智能的发展速度将是必然的。特此恳请读者批评指正，并欢迎大家与我们一起投入教育数字化发展的战略中，跟上时代的发展，在实践中不断学习。

黎加厚

写于上海师范大学科技园

2023 年 5 月 8 日

前　言

随着信息技术的发展，我们迎来了大数据时代。互联网正影响和改变着人类生活的各个方面，未来将是数字化时代。要想抓住机遇，让中国在全球经济发展中脱颖而出，赢得先机，建立网络强国和智慧社会，就需要大量的人才。而要想培养能适应未来发展的人才，教育要先行。2022 年 3 月 28 日，国家智慧教育平台正式上线，这是教育数字化战略行动取得的阶段性成果，也标志着国家层面上数字化教育资源整合。教育信息化的发展趋势，呼唤广大教师潜心研究，掌握信息技术，发挥现代教育技术"声、色、光、电"的优势，创设教学情境，丰富教学资源，扩大教学的"空间"，开拓学生视野。就小学语文教学而言，只有实现信息技术与小学语文教学的有效融合，探索新的教学模式，才能提高小学语文的教学效率。只有让教学更智能，让学习更智慧，才能培养出具有创新意识的学生。这是教育改革的大势所趋，也是未来社会发展赋予教师的责任。

笔者一直在小学语文教学一线，不断探索信息技术与学科融合。经过多年实践，发现运用极简教育技术助力小学语文课堂教学，不但能激发学生学习兴趣，还能改变"教"与"学"的方式。2022 年 4 月新的课程标准发布后，如何落实核心素养，如何开展学习任务群，如何让评价更加科学化，这些都需要借助信息技术的优势才能得以落实。本书挑选简单、好用的教育技术，从小学语文教学实际出发，结合相应的教学案例，开展指导。从技术应用到教学实践，力争运用极简的教育技术达到最佳的教学效果。这是笔者精心研究多年的结果，也是笔者长期在一线实践的结果，希望能给广大教师一些启示，更希望能带领大家一起来研究，让我们一起为祖国未来的建设出一份力！

窦继红
2024 年 5 月

目　录
CONTENTS

第一章
课前准备篇

　　运用极简教育技术开展小学语文教学，首先要了解信息技术对于小学语文教学的重要性，有了这个意识才能在教学实践中去运用。而一线教师最急需的就是借助信息技术减负，因为他们在教学前要进行资料搜集、课件制作，需要对文字、图片、音频、视频、动画等诸多资料进行下载和编辑。本章节，就告诉大家如何运用极简教育技术进行课前的准备工作，希望能给教师的教学工作提供便利。

一

网络与小学语文教学

1. 现代信息技术与小学语文核心素养之间的关系 >>>>>>>

　　学生的核心素养,主要指学生应具备的,能够适应终身发展和社会发展需要的必备品格和关键能力。中国学生发展核心素养以培养"全面发展的人"为核心,分为文化基础、自主发展、社会参与三个方面,综合表现为人文底蕴、科学精神、学会学习、健康生活、责任担当、实践创新六大素养。而小学语文的核心素养是落实"人文底蕴"这一核心素养的关键,也是学习其他学科的基础。一个人的语文素养包括他的语文能力、语文积累、语文知识的运用等几方面。随着时代的发展,传统教学的方式、方法已经不能满足学生学习的需求,现代信息技术的介入,让语言文字的运用有了新的领域。研究语文学科与信息技术的融合,是当今课改的重点,也是一线教师肩负的责任。教师要充分认识现代信息技术在课堂教学中的作用,利用现代信息技术的优势在语文教学中提高课堂效率、优化课堂教学结构,科学化评价教学过程,来支持课堂教学改革,把传统的"以教为主"变为"以学为主",让学生真正成为学习的主人。尤其是那些使用简便,操作简单的极简信息技术将是全面实施素质教育的有效手段。同时,教师善于使用信息技术,还能潜移默化地影响学生主动运用网络学习,为适应未来数字化生活做好准备。因此,极简信息技术和小学语文教学的融合,也是培养教师和学生信息素养的有效途径之一。

2. 小学语文教学相关知名教育网站 >>>>>>>

　　课前准备是上好一节课的关键。教师在课前准备时,首先要搜集相关资料。网上关于小学语文教学的网站有很多,在这里以免费、资源丰富、内容严谨为标准,推荐适用于一线小学语文教学的网站。

(1)人民教育出版社官网——学科资源板块

首推网站—— 人民教育出版社的官网。人民教育出版社成立于 1950 年 12 月 1 日，是教育部所属的一家大型专业出版社，是我国现有教材的编辑、出版和发行部门之一。在它的官网首页左下有一个板块是"学科资源"。

这个网站分学科提供很多优质资源。点击进入，里面有整本书的教学建议、答疑、解读，有同步教学设计、同步学习资源。遇到问题，还可以在线留言、提问，会有专人负责解答。

这些资源都可以免费下载使用，极大地方便了广大一线教师。

(2)国家智慧教育平台

2022 年 3 月 28 日，国家智慧教育平台正式上线。平台整合全国优质教育资源，为每一位师生免费提供数字化教育资源服务。进入平台，按照分类导航，首先选择课程教学，然后可以选择自己授课的学段、年级、学科，接着找到相对应的教材版本，就可以找到相关的资源。如果是新入职的年轻教师，可以先看里面的同步课程视频，向优秀教师学习。每一课还有配套的学习任务单和课后练习。这个平台还链接了"部优精品课"资源，可供一线教师模仿和借鉴。

(3)语文迷

进入首页，就可以看到丰富的语文资源。

该网站最大的特色是有很多学习工具，如在线字典、词典等。

网站中的大部分资源都可以免费使用。

(4)瑞文网

该网站提供同步教案、课件，以及其他语文教学资源，大部分资源可以免费下载。

3. 小学语文教学相关公众号 >>>>>>>

近年来随着手机的普及，微信公众号以其方便快捷的优势迅速赢得了人们的喜爱，其中有很多关于小学语文教学的公众号更是给语文教师的工作带来了便利，下面为大家介绍几个。

(1)部编语文学习

这个公众号的特点是更新快，往往比学校的教学进度更快。里面的资源丰富，有电子版教材、教学设计、课件，课文配套的音频、视频、讲解微课，还有随堂练习、单元测试卷、期中期末的模拟测试卷，给教师的教学带来了极大方便。

(2)七彩凤凰教育在线

这个公众号除了会提供同步教学资源外，最大的特点是每年会转播各种教学研讨活动，如"江苏省教育学会小学语文专业委员会学术研讨会""整本书阅读的课堂实践"，这些活动中有大量的观摩课，为一线教师的课堂教学提供了优质范例。

(3)小学课文朗读

这是一个专门提供课文朗读音频、生字书写动态课件的公众号，所有资源可以免费下载，为教师教学提供了优质资源。

(4)最美诵读

这个公众号可以帮助学生学习古诗词，里面有朗读示范、诗文讲解等功能，最大的亮点是能够为学生的朗读评分，这对于学生练习普通话有很大帮助，教师可充分利用这个小程序开展古诗词教学。

随着教育科技的发展，越来越多的人投入教育信息技术的研发之中，网络资源也必将越来越丰富，如何将这些资源与自己的教学完美结合起来才是关键问题。这就需要教师不但要具有较高的信息素养，更要有扎实的学科知识，丰富的教学经验。只有这样，我们才能在海量的信息中找到自己最需要的资源，将信息技术与学科完美地融合在一起。

运用极简教育技术获取小学语文教学资源

　　一线教师在教学前要进行教学设计、制作课件，这就需要一些文字、图片、音频、视频等资料。这些资料的获取有时受网页限制很难下载，有的文字嵌入在图片中，也很难提取。还有一些音频、视频，不允许下载，但教学中确实需要其中的某些片段。这一点在语文教学中尤为突出，教学伊始的情境创设，教学中的兴趣激发、难点突破都需要丰富多彩的影音资料，面对这样的情况，如何进行破解呢？本章节，就告诉大家如何运用极简教育技术手段获取必要的教学资源。

1. 文字资源的获取、保存方法 >>>>>>>

　　教师在日常工作中用得最多的资源，就是文字资源，无论是教学设计、教案书写、课题研究还是习题测试、班级网络空间的维护与更新，都离不开文字资源，但在具体操作时，面临很多难题。有时文字输入量大，通过键盘输入太慢；有的时候网页有限制不允许复制粘贴；有的时候复制粘贴的文字有固定格式，去除不了；还有的时候网上的文件是图片格式，怎么提取图片中的文字呢？这些都是教师在获取文字资源时遇到的困难。下面就来带大家一一破解。

（1）语音输入，让文字录入不再难

　　作为一名语文教师，常常要整理很多文字材料。例如，将学生的优秀习作录成电子版，这样既方便长期保存，又可以随时根据需要将这些优秀习作向相关杂志投稿。再如，每上完一节课，总会有一些心得和反思。如果这些都靠手动录入，太耗时，工作量也大，就很难坚持。其实，我们可以用语音录入的方式，减轻负担，提高文字录入的速度。现在有很多输入法，都有这个功能，在这里向大家推荐文字识别率较高、功能较多的"讯飞输入法"。首先在手机上通过"应用商店"下载、安装"讯飞输入法"，然后打开"讯飞输入法"，将手机默认输入法勾选为"讯飞输入法"，然后进行注册登录，这样会将操作实时保存在云端。设置好后不论微信、QQ，还是手机文档就都可以使用"讯飞输入法"了，里面有语音输入，点击小话筒，就可以将语音转化为文字了(见图 1-1)。

图 1-1　"讯飞输入法"的语音录入功能

如果计算机端也安装"讯飞输入法"，还可以把手机变成电脑话筒，这样用手机说话，电脑就能出现文字。这一功能为工作带来了方便，不用再担心文字输入量太大了。

(2)复制文字，去除格式有办法

除了原创的文字资料需要我们录入以外，平时还有很多资料需要上网查找，找到后要复制粘贴到自己的文档中。很多时候，这些网络文字是有固定的格式的，例如，有的文字带底纹，有的是带有表格的文字。如何解决这个问题呢？我们复制后再粘贴时，会出现提示，我们选择"只保留文本"选项就可以了(见图 1-2)。

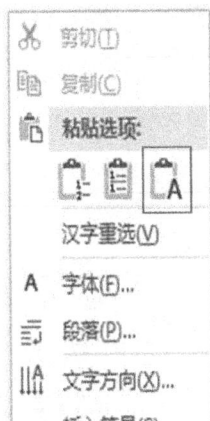

图 1-2　粘贴文字时的选项

(3)图文分离，提取文字有妙招

当下网络已经成为我们获取文字资源的重要途径，但不是所有网页上的文字都允许复制粘贴的，有的网络文字还会以图片的形式出现，这时我们如果想要使用其中的文字，就只能自己手动录入，有时会花费很多时间。如果所需要的文字量不大，我们完全可以运用"文字扫描"功能进行获取。例如，"讯飞输入法"里就有这样的功能，使用方法是打开软件，点击右下角"我的"，然后在"工具中心"里安装文字扫描功能(见图 1-3)。

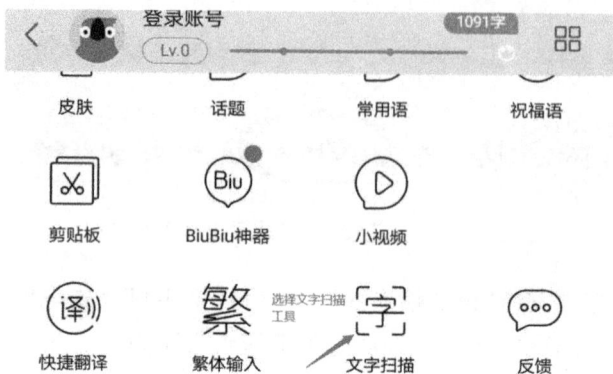

图 1-3　安装文字扫描

这样就把这个功能添加到输入法中了，然后打开微信或者 **QQ** 等软件，在聊天区里，点击"讯飞"标志，就会出现一个菜单，选择"文字扫描"，对着自己想要的文字进行扫描，这样就可以提取当前页面的文字了(见图 1-4)。

图 1-4　点击文字扫描

同样具有这个功能的，还有微信小程序"文字识别"，它使用起来简单方便，大家可以去尝试。还可以使用特定软件下载文件，"冰点下载器"就是一个比较不错的软件。这个软件不用安装，只需将软件压缩包解压到相关目录中，然后运行主程序即可(见图1-5)。

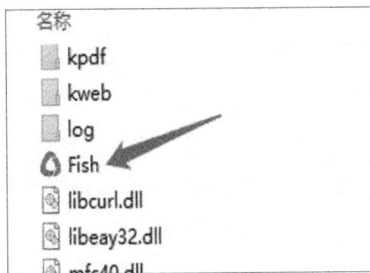

图 1-5　冰点下载器主程序

　　使用时，只需要把我们想要下载的文章网址复制到冰点下载器的下载栏中，点击下载，即可将此文库的相关内容下载到本机(见图1-6)。

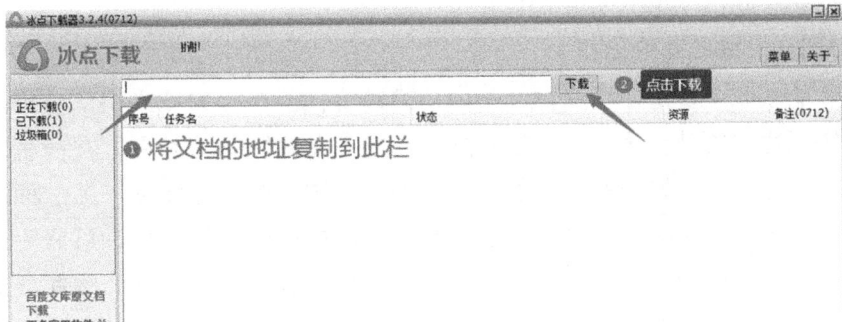

图 1-6　冰点下载器的使用界面

　　通过冰点下载器下载的文章大部分是 PDF 格式的，如果想要将 PDF 文档转换成我们常用的 Word 格式，就需要用文本格式转换的软件或网站，常用的有迅捷 PDF 阅读器和同名网站。这个软件可以将 PDF 文档转成 Word 文档，但此功能有一个限制，就是 PDF 文档的大小不能超过 2M。

2. 图片资源的分类、获取方法 ＞＞＞＞＞＞＞＞

　　小学语文教学中，很多时候都要用到图片。色彩缤纷的图片可以创设情境，激发学生的学习兴趣，恰到好处的图片还能帮助学生加深对课文的理解。

(1)图片资源的类别

常用的图片格式有以下几种。

①位图(BMP 格式)。它是 Windows 操作系统中的标准图像文件格式，能够被多种 Windows 应用程序所支持。随着 Windows 操作系统的流行与丰富的 Windows 应用程序的开发，BMP 位图格式理所当然地被广泛应用。这种格式的特点

是包含的图像信息较丰富，几乎不进行压缩，但由此导致了它与生俱来的缺点——占用磁盘空间过大。

②动态图(GIF格式)。它的特点是压缩比高，磁盘空间占用较少。随着技术发展，可以同时存储若干幅静止图像进而形成连续的动画，这种图像格式迅速得到了广泛的应用。

③静态图像(JPEG格式)。JPEG文件的扩展名为.jpg或.jpeg，因其压缩技术先进，它用有损压缩方式去除冗余的图像和彩色数据，获取极高的压缩率的同时还能展现十分丰富生动的图像。换句话说，就是可以用最少的磁盘空间得到较好的图像质量。

④动画图像(SWF格式)。这种格式的动画图像能够用比较小的体积来表现丰富的多媒体形式。在图像的传输方面，不必等到文件完全下载就能观看，可以边下载边看，因此特别适合网络传输，特别是在传输速率不佳的情况下，也能取得较好的效果。

(2)图片资源的获取途径

图片的获取主要途径有两种。一种是通过"百度"这样的搜索引擎获得。方法是将所需图片的关键字输入搜索栏，然后点击下面的"图片"类别，在稍后出现的众多图片中选出自己想要的后，点击打开图片，按鼠标右键保存。另一种是通过"千图网"这样的专业图片网站来获取。此类网站中有大量的图片，只需要用关键字来搜寻。专业的图片网站里有很多专业设计师进行设计，优质的图片需要付费获得。如果对图像清晰度要求不高，不在乎背景中的水印，可以截图使用(屏幕截图方法：Alt＋PrtScn)。如果需要的图片量大，可以注册、购买会员。需要注意的是，下载图片时一定要将图片打开后再进行下载，否则下载到的图片只是缩略图；无论是如何获取的图片，都不可在使用时侵犯版权。

3. 音频资源的分类、获取方法 >>>>>>>>

小学语文教学中，有时还需要用到音乐，如为学生的朗读配乐，为教师的讲授配乐，借此熏染氛围，激发学生的情感。

(1)音频的格式

常见的音频有以下几种格式。

MP3格式：MP3是一种音频压缩技术。这是一种最常见的，也是最普及的音频格式。

MPEG格式：MPEG音频文件是一种有损压缩，但是它的最大优势是以极小的声音失真换来了较高的压缩比。

WMA格式：WMA是微软公司推出的与MP3格式齐名的一种新的音频格

式。WMA 在压缩比和音质方面都超过了 MP3，更远胜于 RA(Real Audio)，即使在较低的采样频率下也能产生较好的音质。

(2)音频资源的获取方法

第一，可以通过专业的播放器，如"QQ 音乐"，但比较好的音乐需要付费获得。第二，可以通过浏览器搜索。只需要把歌曲名字输入搜索栏，就可以找到。如果不能下载，还可以用"Camtasia"这样的专业录屏软件，进行录制，然后稍加处理就可以使用。但应注意不可侵权使用。方法是：先打开"Camtasia"软件，点击"新建录制"(见图 1-7)。

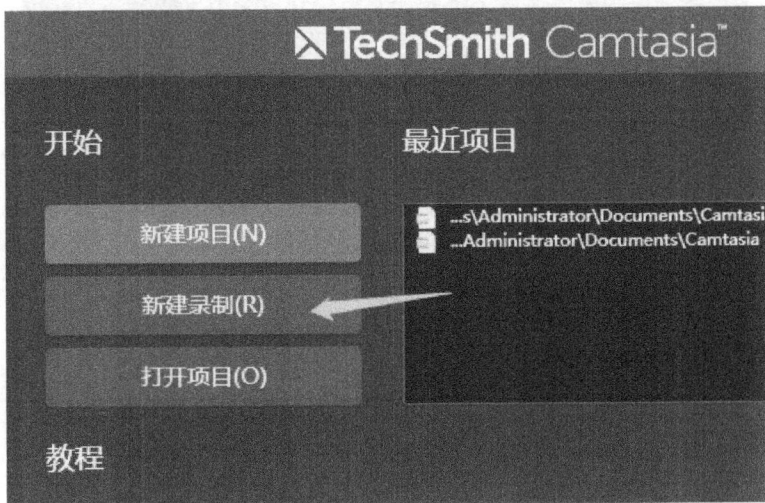

图 1-7 "Camtasia"软件的使用界面

再设置录制音频方式。如果想没有杂音，一定要选择"不录制麦克风""录制系统音频"，这样就可以通过电脑内录声音而不受环境干扰(见图 1-8)。

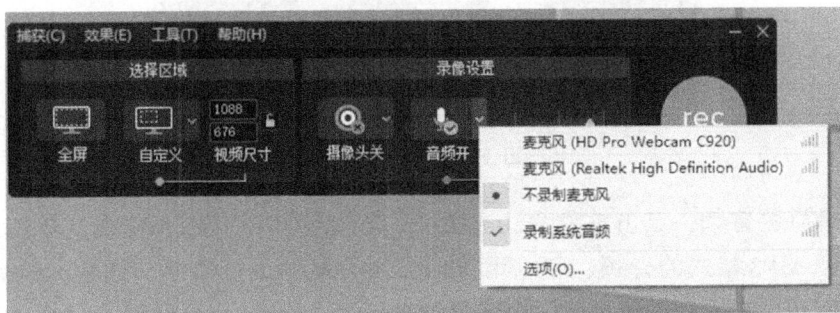

图 1-8 录制音频的选择

录制好的音频，如果有画面，可以使用音视频分离，将画面和声音分离开(见图 1-9)。

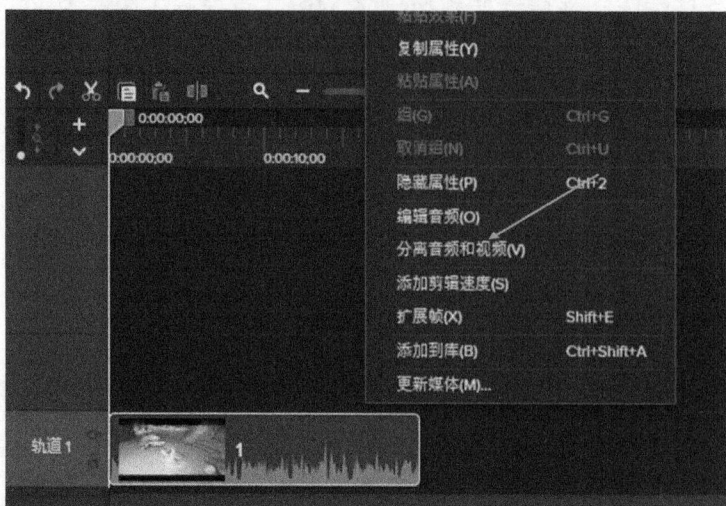

图 1-9　分离音频和视频

还可以用软件中的降噪功能进行降噪。（见图 1-10）

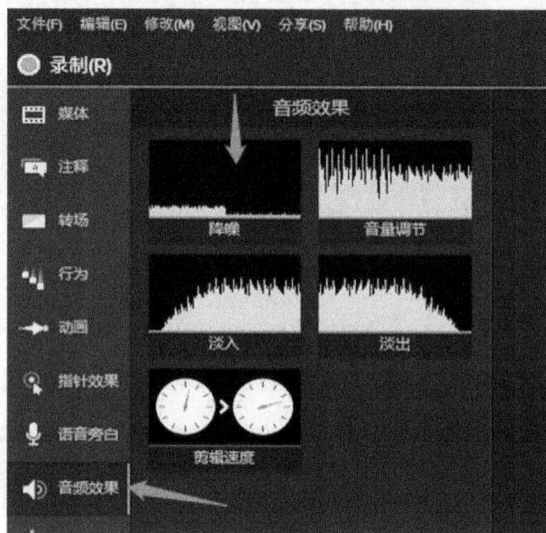

图 1-10　降噪处理

处理好的音频，点击软件右上角的"分享"就可以导出 MP4 格式的音乐了。如果想要 MP3 格式的音频，可以用"格式工厂"软件进行转换。这是一款免费的软件，使用起来十分方便，可以进行多种音频格式的转换。（见图 1-11）

图 1-11 "格式工厂"的使用界面

4. 视频资源的分类、获取方法 ▷▷▷▷▷▷▷▷

视频素材是多媒体素材中最重要的组成部分，在渲染气氛、展示具体内容时，有着其他类素材不可替代的作用。在语文教学中，可以使用视频展示教材中的特定场景、人物形象、环境描写等内容。因此，了解视频资源格式，搜索、下载、处理视频，是我们小学语文教师必须具备的一项基本技能。

(1) 视频格式

常见的有 AVI、WMV、MOV、FLV、MP4 等格式。

AVI：这是比较常见的一种视频格式，也是应用比较广泛的一种视频格式。它的格式调用方便，图像质量好，压缩标准，可以任意选择。

WMV：这是微软公司推出的一种视频格式，它的优点在于可扩充性比较好，支持多语言。Windows 系统中自带的媒体播放器，默认的格式就是 WMV 格式。

FLV：这是 Flash 视频的简称，由于它的文件比较小，加载速度又比较快，是网络中常见的一种视频格式。

MP4：这是 MPEG4 的简称，是网络上和日常的媒体中应用最广泛的一种视频格式。

(2) 视频资源的获取方法

网络中的视频资源很丰富，我们可以利用搜索引擎，如"百度""必应"等找到我们所需的资源。但如果想要下载到本地使用，就需要一定的技巧，下面给大家介绍几种方法。

第一种方法：安装该视频所属播放器的客户端。例如，想要下载优酷频道里的视频，就安装优酷的客户端，然后注册、登录，这样大多数的视频都能下载。不过也有些视频需要购买会员才允许下载。使用客户端下载视频，速度快，质量高，但很多时候下载的格式并不是我们常见的 MP4 或者是 WMV 格式，而是这种客户端所独有的视频格式，只有安装了该客户端才能够正常地播放，这样不便于我们跨平台或使用不同的电脑进行播放。

第二种方法：使用专门的视频下载软件或网络平台进行下载。给大家介绍两个软件："维棠""硕鼠"。"维棠"是一个用于电脑端的视频下载器，它可以自动分析网页中视频链接地址，并进行下载。我们需要先打开含有视频的网页，将网页地址栏的地址复制以后，粘贴到"维棠"的下载链接栏里，这时软件就会自动分析、下载。（见图 1-12）

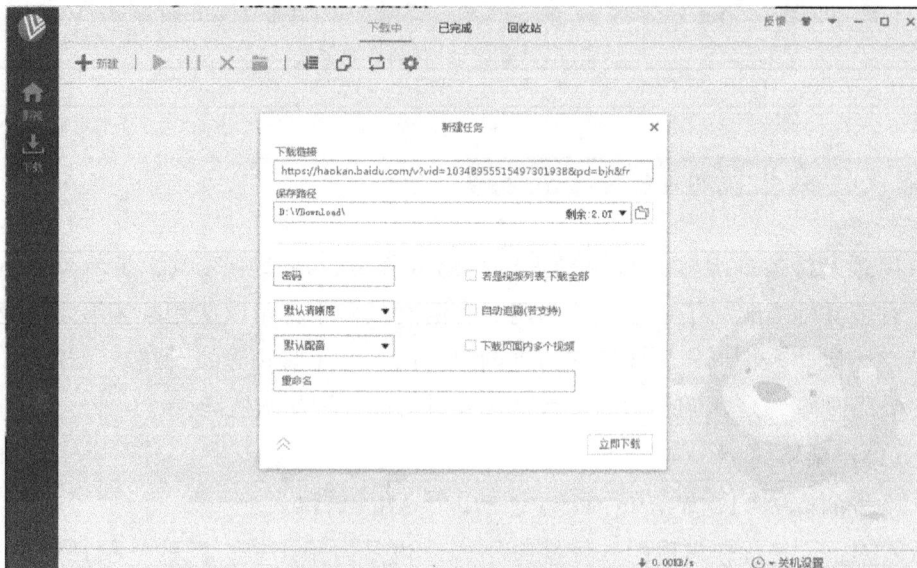

图 1-12 "维棠"操作页面

"硕鼠"与"维棠"有着相同的功能，与"维棠"下载视频的方法类似。不同的是"维棠"需要下载软件，安装后才可使用，"硕鼠"可以通过客户端下载视频，也可以在网页端下载视频。

第三种方法：采用浏览器加插件的方式下载网页上的视频。我们可以使用火狐浏览器及它的 Video downloadhelper 插件，就可以下载网页中的视频了。首先需要在火狐浏览器中安装相应的插件，安装好以后，火狐浏览器地址栏的右边就会出现三个小圆球的标志（见图 1-13）。

图 1-13　火狐浏览器插件安装标识

　　当网页中有可播放的视频，这个插件的颜色就会由灰色转变成彩色的图标，这时点击这个插件，就可以选择使用浏览器下载或使用其他程序下载，如迅雷。360 浏览器也有相应的插件进行视频的下载，但火狐浏览器的插件是这些插件中最完善也是使用效率最高的一个(详见微课 1-1)。

扫描二维码，观看微课 1-1

　　第四种方法：可以直接使用录屏软件，如"Camtasia"或"希沃剪辑师"软件，都可以将正在播放的视频录制保存到本地电脑。(见图 1-14)

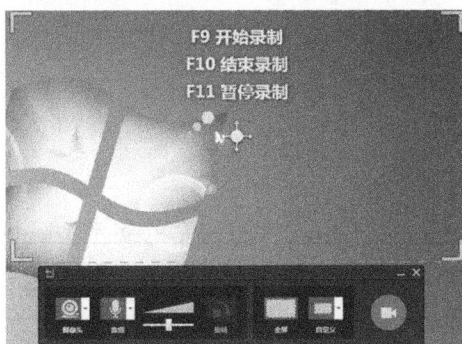

图 1-14　"希沃剪辑师"录屏界面

　　如果想要对视频进行处理，也可以使用"Camtasia"或"希沃剪辑师"这两个软件进行视频编辑。虽然视频编辑还有很多专业软件，如"Premier""Edius""AE"等，这些软件功能也很强大，但也有两个不方便的地方：一是体积过于庞大，安装使用对电脑的要求较高；二是操作的界面过于复杂，不便于教师学习和使用。作为一名语文教师，对视频进行处理的要求并不高，"Camtasia"或"希沃剪辑师"完全能够胜任这些简单的操作。如果遇到视频上有水印，我们可以使用"格式工厂"软件进行去除。使用这款软件去除水印，只需三步：第一步，点击加载视频文件；第二步，选中水印区域；第三步，点击移除水印。通过三步操作即可完美去除视频的水印(见图 1-15)。但应注意不可有侵权行为。

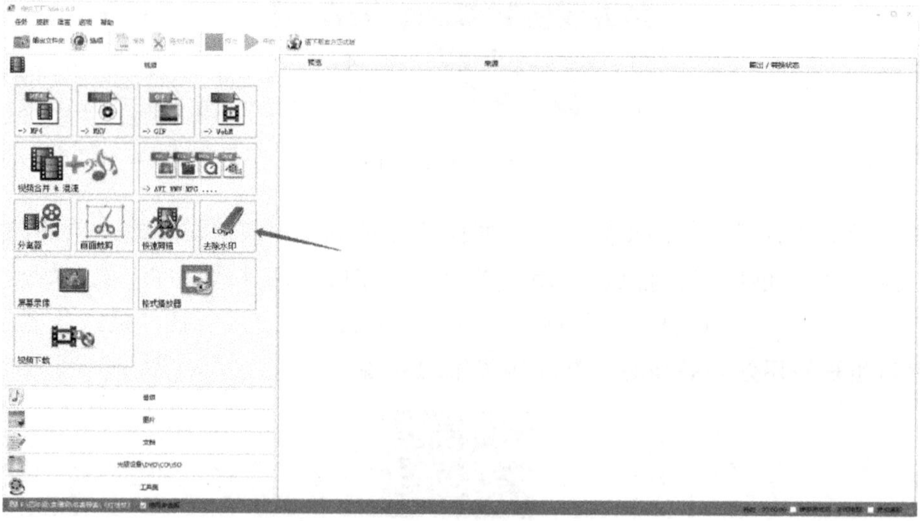

图1-15 "格式工厂"软件的去水印界面

5. 其他资源的分类、获取方法 >>>>>>>

在一线教学中，不光要会单独使用文字、图片、音频、视频等资源，更需要会综合使用，将它们做成课件。课件有静态课件、动态课件、交互式课件三大类别。

(1)静态课件

常用的课件是基于"PowerPoint"软件制作的演示型课件。优点是做课件比较方便，不用多学，很容易上手，图片、视频、文字资料的展示制作较为方便，很容易起到资料展示的作用。但就其功能来说就相对差了一点，顺序也是固定好的，没有办法根据教学实际进行调整和改变。如果想要达到交互的效果，制作起来就更麻烦了。

(2)动态课件

用"Flash"软件或者基于网络平台制作的课件，如使用"东师理想"研发的"备课助手"平台制作的"多维课文"课件，里面有每个生字的自动书写演示、字理演示动画……上课时教师可以根据教学需要，随意点击里面的内容，这就给教学带来了无限种可能。再如用"Flash"软件制作的课件，它的优点是体积小，可边下载，边播放，这样就避免了用户长时间的等待。教师还可以用"Flash"软件生成动画，还可在网页中加入声音。

(3)交互式课件

这是一种双向互动的课件，常用于平板电脑端的使用。教学本来就是一种双向的过程，是教师与学生，学生与学生双向互动的过程。互动式课件的最终呈现结果是不可预测的，需要教师和学生双方共同完成。如有的课件是通过网页使用的，可以进行在线测试。有的课件有小游戏，寓教于乐。但这些课件需要专业人士才能制作，对于一线教师有些难度。

除了这些资源以外，在信息技术环境下，资源的呈现方式越来越多样，随着虚拟现实技术(VR)和增强虚拟现实技术(AR)的推广，三维图像、全息投影都将会运用到教学之中。这都将会为教学带来更多的趣味。例如，教师执教《海底世界》时，教室的环境就会变成虚拟的海底世界，课文中讲的海底生物就在学生身边游来游去，这样就更为直观。课后进行仿写，系统会根据学生的描述构建出虚拟影像呈现出来，这样就可以发现在描述中有哪些不足，再进行修改补充。科技的发展将为课堂带来更多的改变，这就要求我们教师在研究教学的同时还要努力学习信息技术。

运用极简教育技术加工处理教学资源

随着网络信息技术的发展，学校在教学和管理工作中也开始实现数字化。近年来，很多地方都开展了线上教学，这就要求教师掌握更多的信息技术。熟练地使用常用办公软件设计教案、生成试卷、制作课件成为每位教师必备的技能。现在的网络资源丰富，教师还可以利用这些资源，根据学生情况进行修改，开展教学。本章节就从常用办公软件在教学中的使用，课件的制作，音、视频的处理等方面进行了讲解，力求用最简单的技术解决问题。同时，为了方便广大语文教师开展教学，免费提供了统编版1～6年同步教学课件，里面有配套的书写指导微课、习作指导微课、课文动画等资源，希望能给教师的教学工作提供便利。

教学资源的获取只是教学准备的第一步，这些从网上搜集到的资源，还要结合自己的教学实际进行加工处理。有的需要再次编辑，有的需要修改，还有的需要剪辑，下面就为大家介绍几种简单、常用的处理方式。

1. Microsoft Office 办公软件在教学中的运用 >>>>>>>

Microsoft Office 是微软公司开发的一套基于 Windows 计算机操作系统的办公软件套装。常用组件有 Word、Excel、PowerPoint 等。可以进行文字处理、表格制作、幻灯片制作、图形图像处理、简单数据库的处理等方面工作。因为操作起来比较简单，所以普及得很快，广受一线教师喜爱，尤其是小学语文教学中，设计教案、制作课件、编辑试卷、统计数据都离不开这套办公软件。

(1) 运用 Word 进行试卷编辑

试卷编辑早已经成为教师必会的技能，一张标准的试卷从格式上涉及页面布局设置、内容编辑等技巧。

第一，页面布局设置。一张标准的试卷一般是 B4 纸大小，分为左右两栏。由标题栏、得分栏、信息栏、密封线、页码等几部分组成(见图 1-16)。

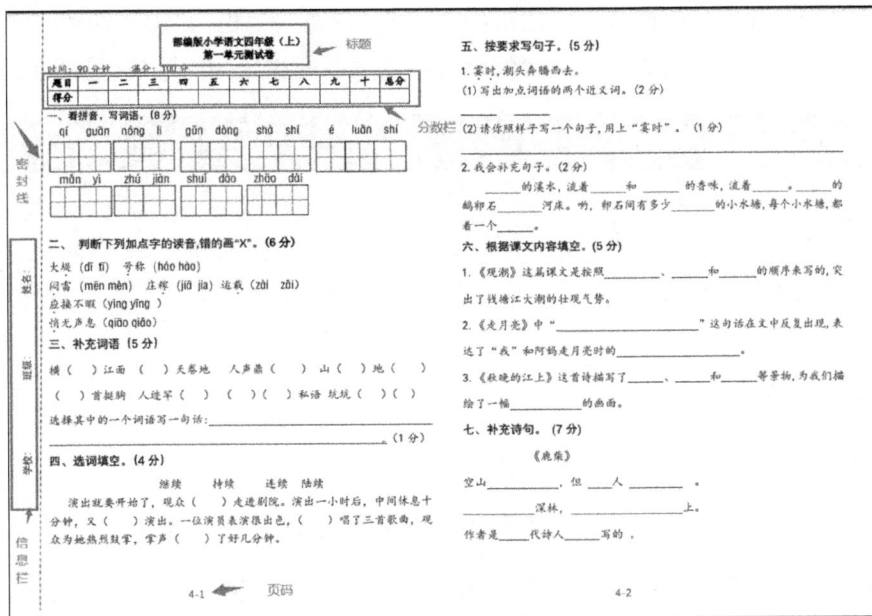

图 1-16　试卷的页面布局

　　要想制成一张标准试卷，第一步，学会试卷的纸张设置，方法是依次点击"文件"—"打印"，纸张大小选择 B4，纸张方向设置为横向，再设置页边距(见图1-17)。

图 1-17　纸张设置

第二步，进行页面设置，方法是依次点击"布局"—"栏"，选择两栏，这时页面会自动分成两栏，然后通过上面的标尺可以调节两栏之间的距离(见图 1-18)。

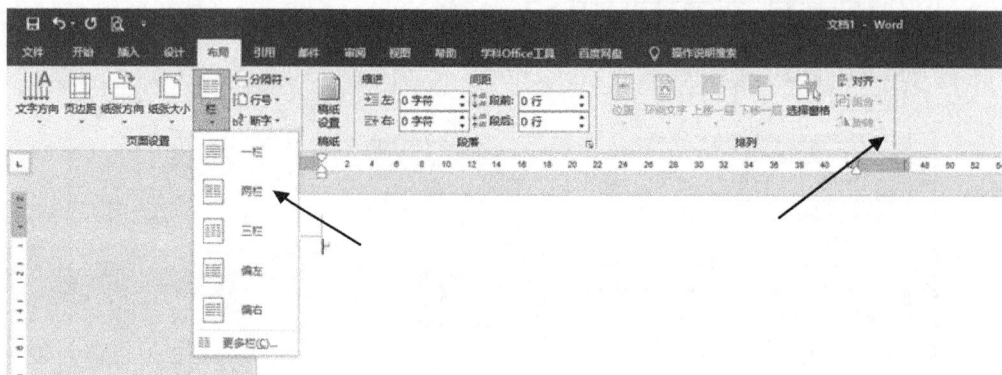

图 1-18　设置页面

第三步，设置密封线，可以通过插入线条的方式实现，方法是依次点击"插入"—"形状"，选择直线，再设置形状格式，选择虚线、黑色，然后把线条拖拽到合适的位置(见图 1-19)。

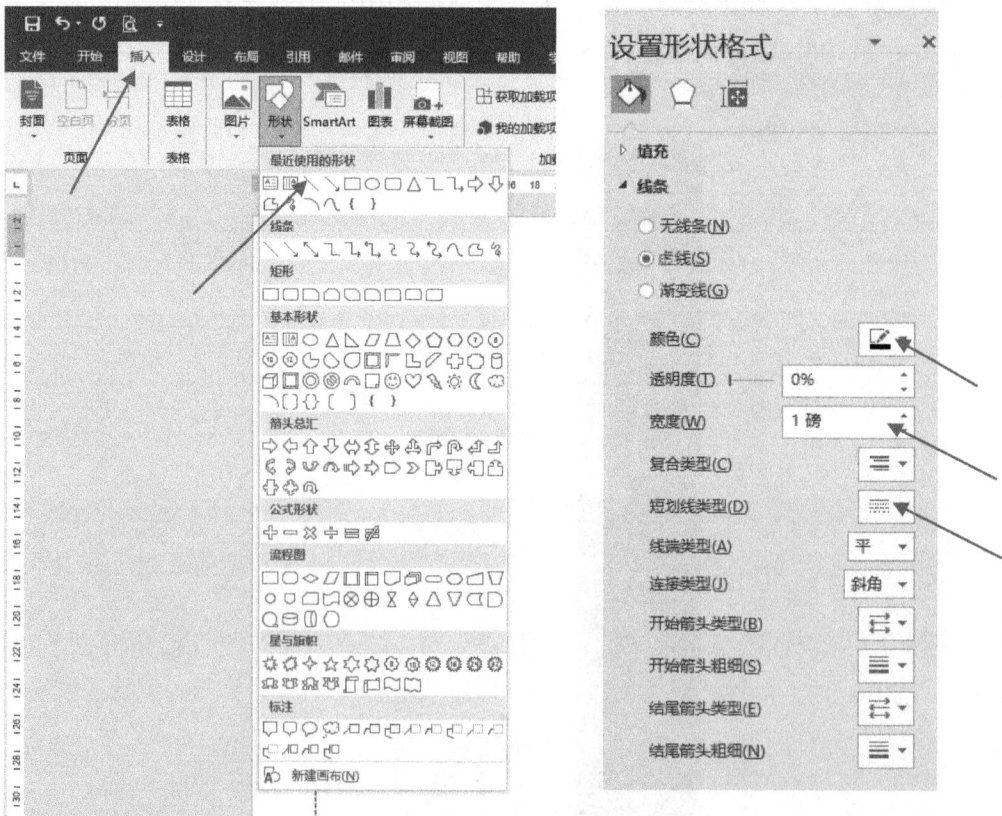

图 1-19　设置密封线

第四步，设置信息栏，方法是点击"插入"—"文本框"设置文字方向为"将所有文字旋转 270 度"(见图 1-20)。

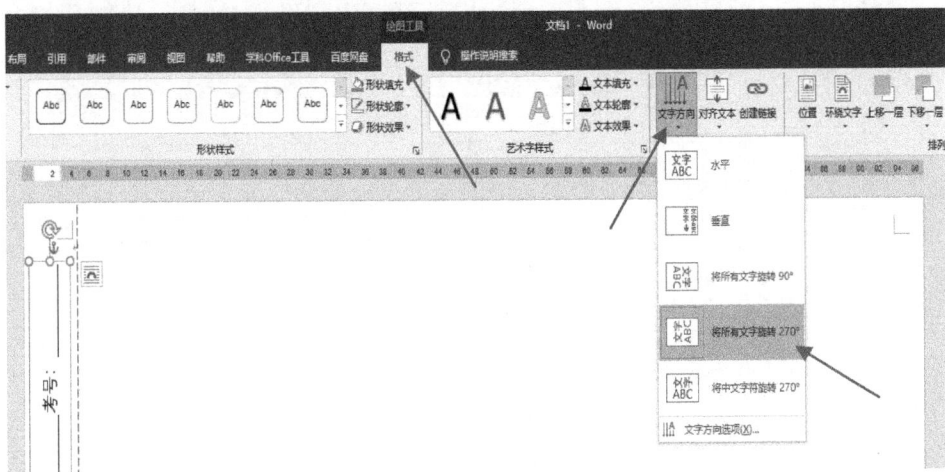

图 1-20　设置信息栏

再调整文本框的边线，设置为"无"(见图 1-21)。

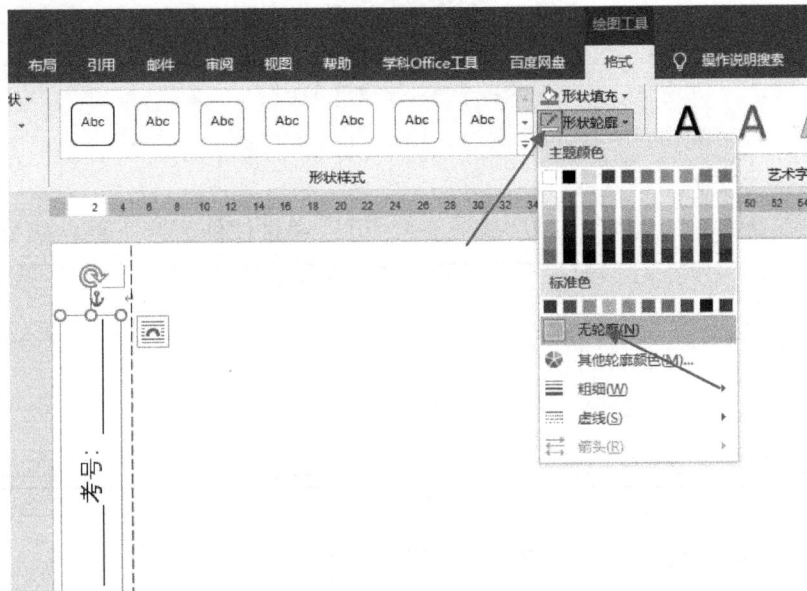

图 1-21　设置文本框

第五步，设置分数栏，方法是依次点击"插入"—"表格"，再根据题目数量设置行数和列数(见图 1-22)。

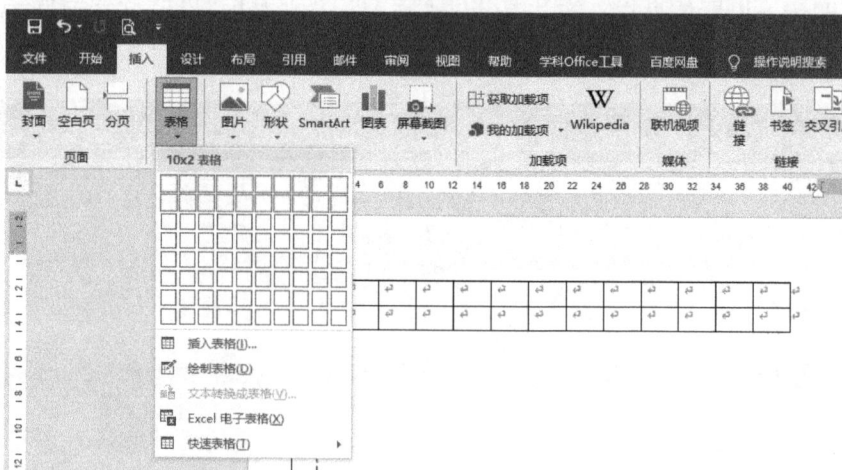

图 1-22　设置分数栏

试卷的标题输入文字后设置居中就可以了(详见微课 1-2)。

扫描二维码，观看微课 1-2

第二，内容编辑。一张语文试卷，里面有时会用到一些特殊格式。如汉语拼音、稿纸、为文字加重点号。

输入汉语拼音，推荐用"搜狗输入法"，可以通过软件管家下载，然后依次点击"输入方式"—"特殊符号"—"拼音/注音"，设置字体为"方正姚体"(见图 1-23、图 1-24)。

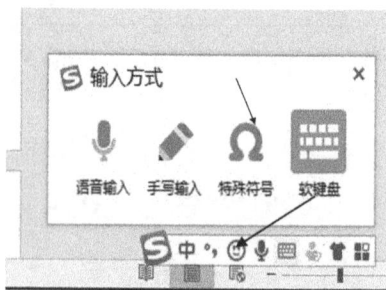

图 1-23　汉语拼音插入方法

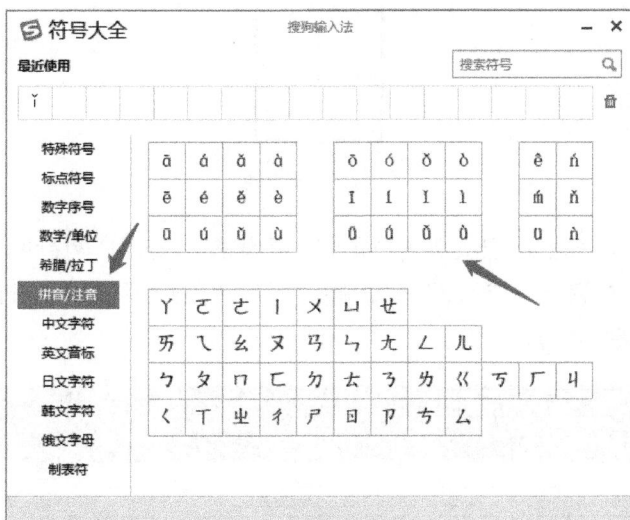

图 1-24　汉语拼音插入方法

第三，稿纸的设置。依次点击"布局"—"格式'方格式稿纸'"—"设置行数和列数"—"颜色'黑色'—"确认"，这样一张稿纸就设置好了(见图 1-25)。如果需要在试卷中插入稿纸，可以将稿纸截图插入试卷中。

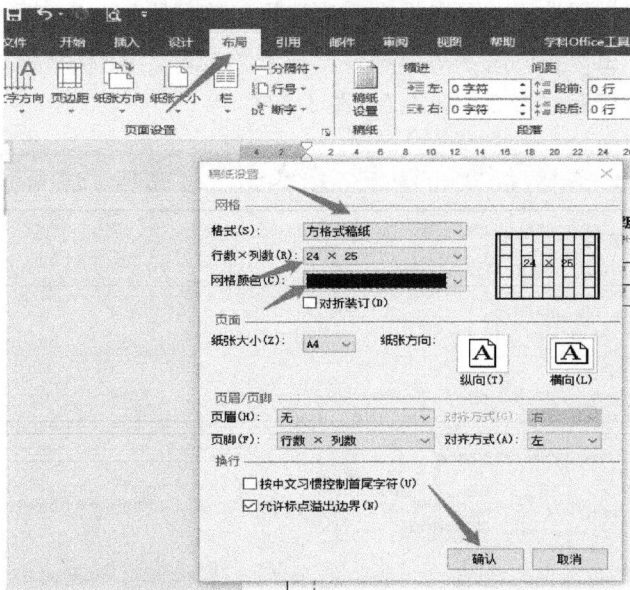

图 1-25　稿纸的设置方法

第四，田字格的设置。在小学语文试卷中少不了田字格的设置(见图 1-26)。

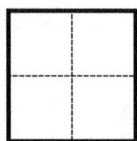

图 1-26　田字格

田字格的插入方法是依次点击"插入"—"表格"—选中"两行两列"—在文档中拖曳为正方形，然后点击"设计"—"调整边框"—"用边框刷刷成虚线"，田字格就设置成功了(见图 1-27)。

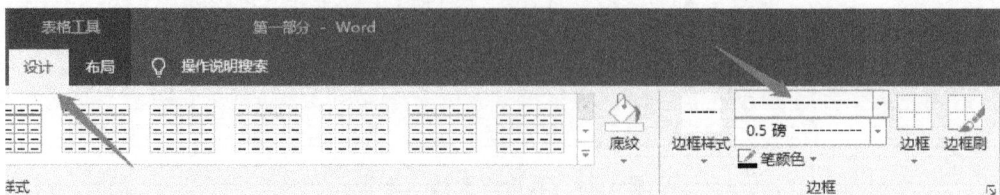

图 1-27　设置田字格中的虚线

第五，行距的设置。在编辑语文试卷时，还需要对文字的行距进行调整，方法如下：首先选中要编辑的文字，点击右键，在菜单栏里选择"段落"，然后点击"行距"，在菜单栏里选择，可以根据需要选择单倍行距、1.5 倍行距或者固定值。试卷中不需要学生作答的文字可以将行距设置为"20"，而需要学生作答的地方可以设置为 1.5 倍行距或者 2 倍行距(见图 1-28)。

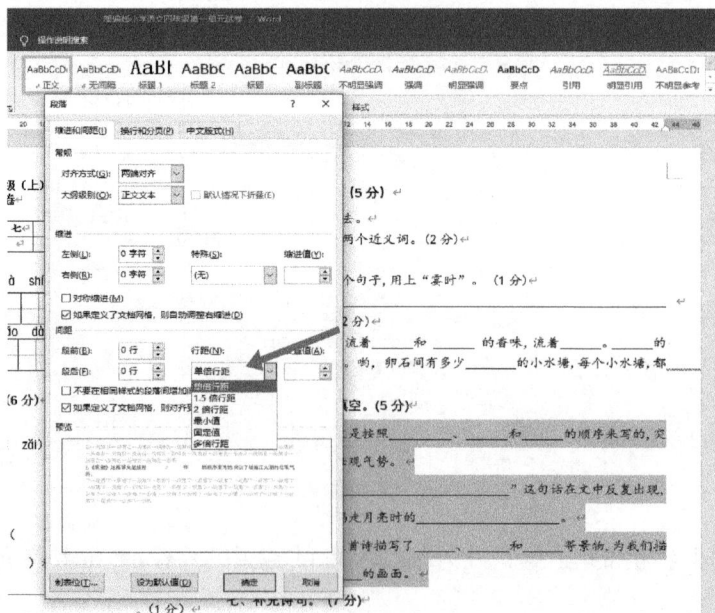

图 1-28　行距的设置方法

(2)运用"PowerPoint"软件设计课件

一线教师在授课时经常会用到课件，很多网站都会提供制作好的课件，有的还可以免费下载，但这些课件不能直接拿来就用，还要根据自己的教学实际和学生情况进行修改。最常用的除了简单的文字修改，还有幻灯片母版的修改，图片的处理，音、视频的插入。

第一，幻灯片母版的使用。通过幻灯片母版设定好标题文字、背景等，所有幻灯片的风格就统一了。在"PowerPoint"软件中有三种母版：幻灯片母版、讲义母版、备注母版。如果下载的课件中有的文字、图片无法修改时，也可以查看幻灯片母版，也许通过修改母版就能修改文字或图片。方法是点击"视图"—"幻灯片母版"，然后根据需要进行修改(见图 1-29)。

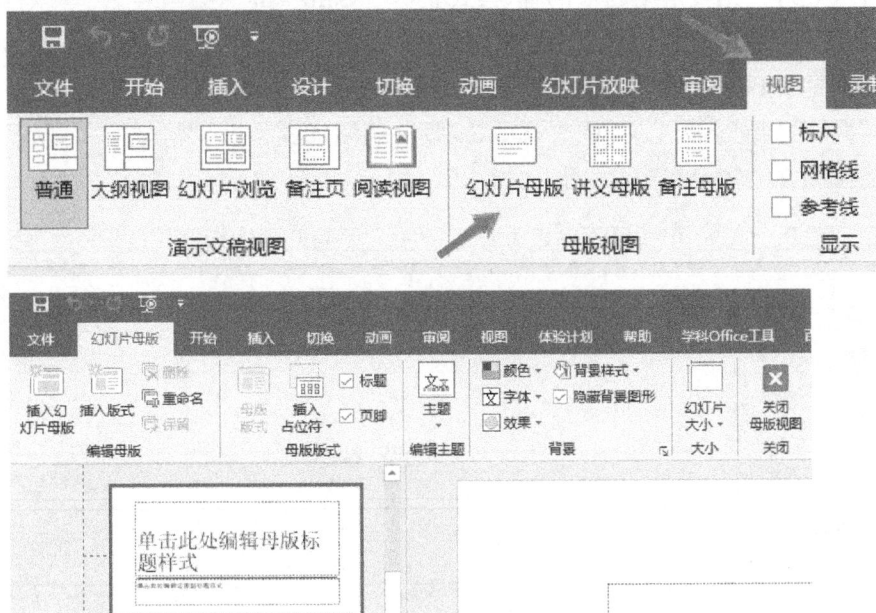

图 1-29 幻灯片母版界面

第二，图片处理。下载的课件有时需要替换图片，网上找的图片，插入时会有背景，可以通过"格式"消除背景，方法是依次点击"格式"—"删除背景"，将不需要的地方选中删除(见图 1-30)。

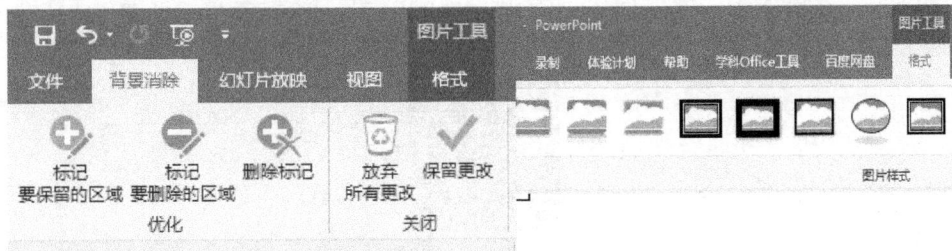

图 1-30 删除背景

用这个方法还可以进行其他图片效果的编辑(详见微课 1-3)。

扫描二维码，观看微课 1-3

2. 音频、视频的编辑与处理 >>>>>>>

在语文教学中经常要用到音频、视频，这些资源从网上下载后，需要按教学需要进行处理，比较常用的软件有"格式工厂""Camtasia""会声会影"等软件。其中"格式工厂"是进行各种格式转换的好工具，也是一款免费的软件。一般常用的音频格式是 MP3，常用的视频格式是 MP4，前文讲过音频的转换，下面演示视频的转换：打开"格式工厂"依次点击"视频"—"添加文件"—"确定"—"开始"，就可以将视频文件转换完毕(见图 1-31)。

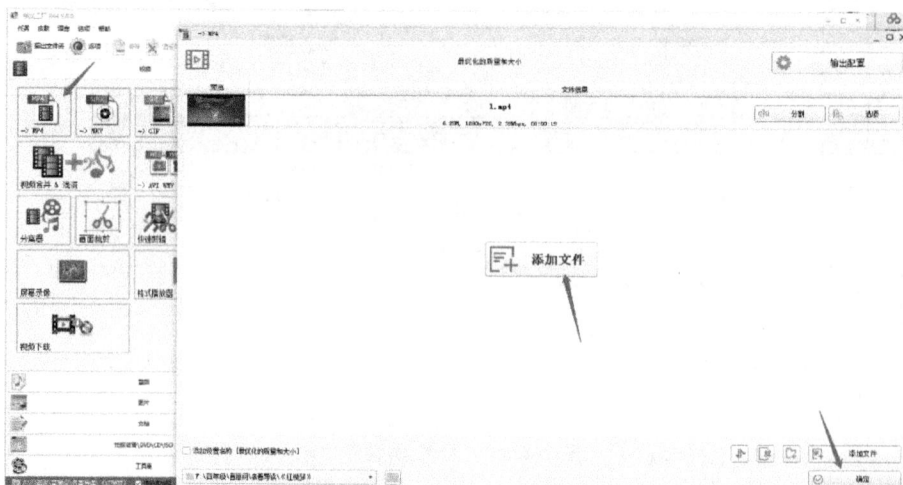

图 1-31 "格式工厂"软件使用界面

这款免费的软件，除了可以转换音、视频的格式以外，还可以转换图片、文档等格式，消除水印，进行简单的音频、视频剪辑，录制屏幕，非常实用(详见微课 1-4)。

扫描二维码，观看微课 1-4

　　如果下载的音频、视频需要更复杂的处理，如剪辑、配音、编辑画面等操作，就要使用到"Camtasia"或"会声会影"等更加专业的软件。下面以"Camtasia"为例，介绍一下如何剪辑视频，依次点击"打开"—"新建项目"—"导入"—"添加"。视频添加完毕后在视频上点击右键，在出现的菜单里可以选择分离音频和视频，这样就能分别编辑。（见图 1-32）

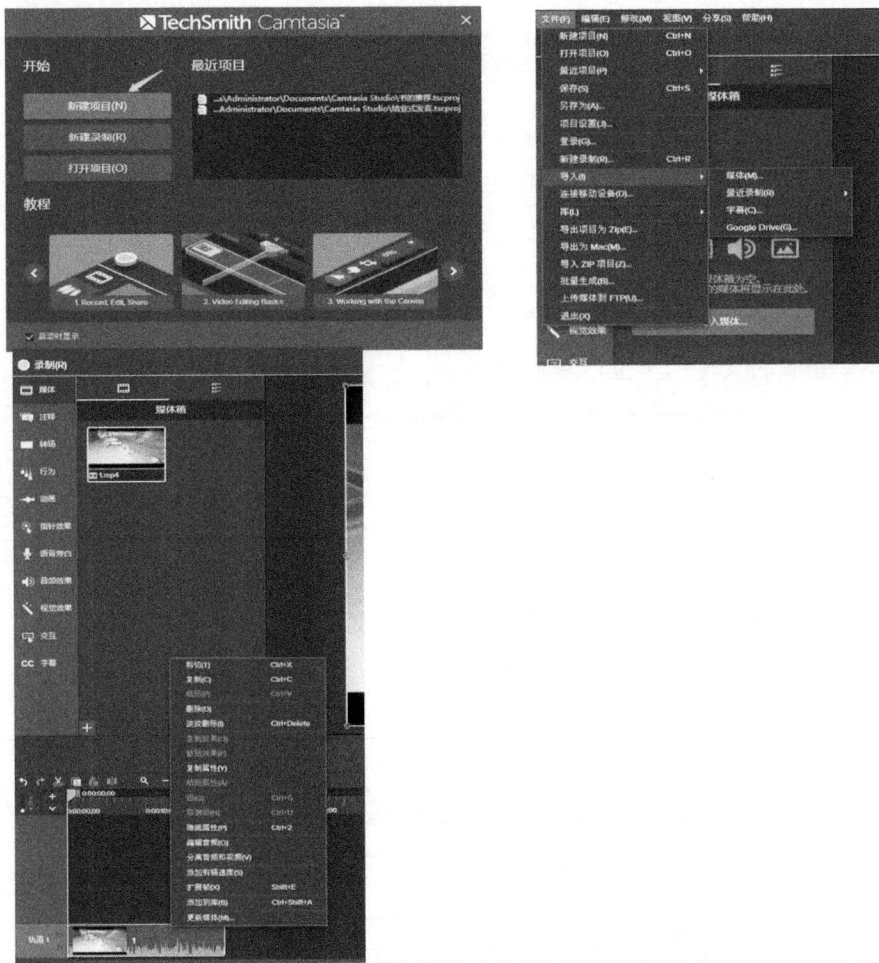

图 1-32　"Camtasia"软件的使用界面

　　如果需要截取视频，可以先选中要剪取的时间点，点击工具栏里的"分割线"就可将视频剪成两段。"Camtasia"还可以进行更为复杂的视频编辑（详见微课 1-5）。

扫描二维码，观看微课 1-5

学会了"Camtasia"，其他类似的软件使用就不难了，如"会声会影"在操作上与"Camtasia"有很多相似之处。这些软件可以帮助我们轻松编辑音频、视频，达到我们想要的效果。教学时既可以运用这些音频、视频创设情境，加深对课文的理解，还可以配合学生开展诗词朗诵、课本剧表演、故事会等语文综合实践活动。

3. 其他类别的资源使用方法和注意事项 >>>>>>>

在教学中用的资源，除了一些常见的格式之外，还有一些文件格式也要了解并学会使用。例如，rar、zip 等压缩格式的文件，exe 等应用程序的文件。首先我们可以通过文件名字的后缀了解该文件是什么格式的，方法有两种。第一种是在该文件所在的文件夹里依次点击"右键"—"查看"—"详细信息"，就可以了解每个文件的格式(见图 1-33)。第二种是依次点击该文件"右键"—"属性"，即可在弹出来的菜单里查看文件的类型(见图 1-34)。

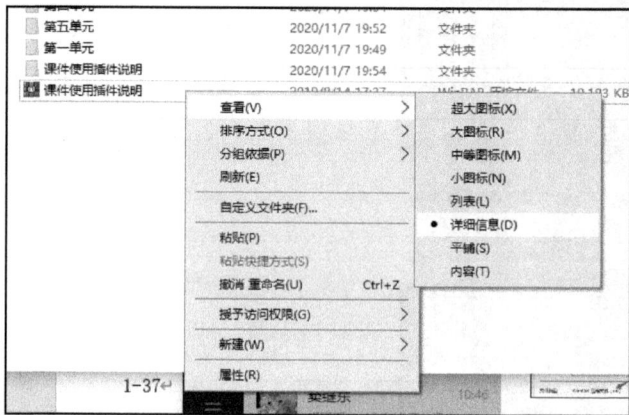

图 1-33　在文件夹里查看文件格式

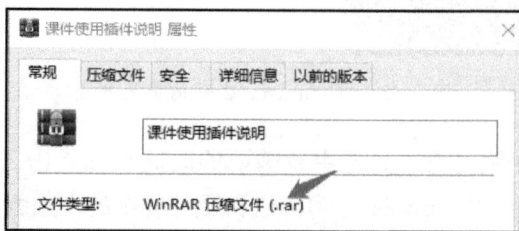

图 1-34　在文件属性里查看文件格式

知道了文件的格式，还要了解不同格式的用途和打开方式。

(1)压缩文件

文件压缩是为了节省文件所占用的空间而诞生的。随着网络的普及，为了节省文件在网络上传输的流量及时间，对文件进行压缩也几乎成了必备的过程。常见的格式有 rar、zip 等两种，rar 格式的文件压缩率比 zip 的更高，压缩后的文件就更小，更方便人们传输。要想打开这些格式的文件，电脑中要安装一个用于压缩和解压缩的软件，如"WinRAR"，它是一款强大的压缩文件管理工具，能解压缩 rar、zip 和其他格式的压缩文件，并能创建 rar 和 zip 格式的压缩文件。使用起来也比较简单，通过软件管家可以免费下载、安装。每次使用时不需要打开，只需要将光标放在文件上后点击鼠标右键，从弹出的菜单中选择解压或压缩。（见图 1-35、图 1-36）

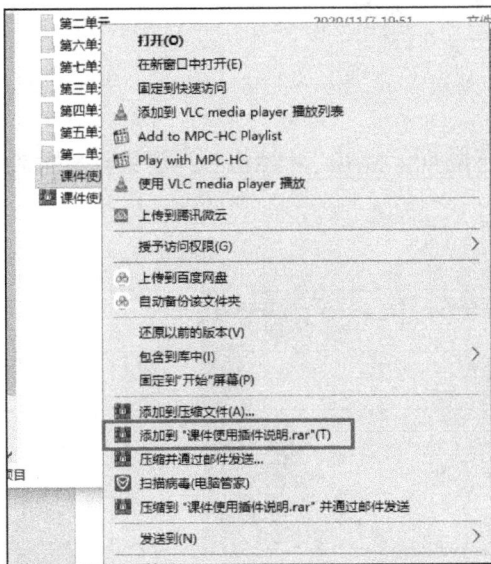

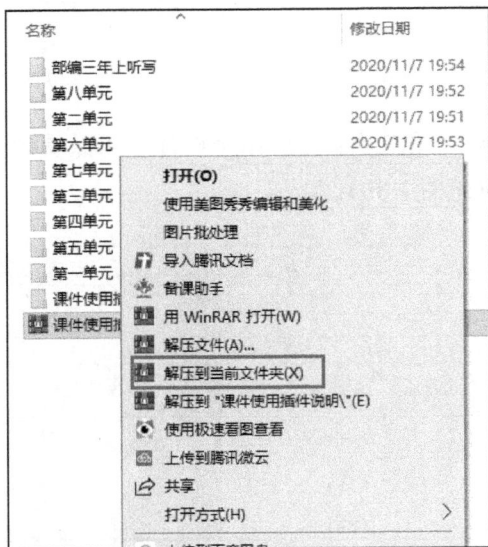

图 1-35　压缩文件　　　　　　　　图 1-36　解压缩文件

（2）exe 安装程序

exe 是可执行文件的文件格式之一，可在电脑中双击直接运行，不过有些是病毒文件，所以要注意区分一下。不去不良网站下载，不下载盗版，下载后，安装前，认真看软件说明，在安装过程中认真看提示，就可以规避这些问题。还有一些动态课件，也是以 exe 格式保存的。例如，从 2017 年开始，每年的寒暑假，我免费培训来自全国各地的教师，利用"东师理想备课平台"共同制作课件。这些课件只支持 Windows 系统，下载到电脑后，要在电脑上安装插件才可以打开、使用，详见下方二维码资源。除了本章，在本书第二章的"五、课堂教学案例"中，也应用了此种课件，读者可联系起来学习。

扫描二维码，下载课件样例及使用指导

第一步：关掉电脑中的杀毒软件。

第二步：安装文件中的两个插件(见图1-37)，也可以通过软件管家安装，有的电脑自带，就不用额外安装。

图 1-37　插件

第三步：打开每个课件，可以看到以下画面。点击"开始讲授"即可全屏播放(见图1-38)。

图 1-38　课件页面

课件中，每一个按钮都有内容，右下角如果有箭头出现，说明还有下一页内容，左下角有结束讲授选项，可以随时退出(见图1-39)。

图 1-39　课件按钮

需要注意的是课件里面的内容是不能随意更改的。

四

运用极简教育技术编写出美观的教案

教师上课之前，以课时为单位设计的具体教学方案叫作教案。过去的教案，都是教师手写而成。随着计算机的普及，现在教师更喜欢编写电子教案。使用电子教案，不仅可以提高工作效率，方便随时修改，也便于保存和与他人交流，还可以实现资源共享。电子教案中不但包括了传统教案中的文字、板书设计，还包括信息技术的应用，可以增大课堂容量，让学生在美妙的声、光、电的环境中学习知识，增强学习效果。

1. 小学语文教案的格式设计 >>>>>>>

电子教案有两种类型：文档式教案和表格式教案。编写教案，首先要构思教案，如分析教学目标、选择教学方法、安排教学内容、设计学生活动、使用信息技术手段。构思好这些，就可以使用 Word 来进行录入、排版，最后还可以根据需要打印出来。

(1) 文档式教案

这种格式的教案和手写教案的格式相近，按照教学顺序编写。文档式教案的编写主要包括以下环节：课题；教学目标(教学要求，说明本课所要完成的教学任务)；课型(说明属新授课，还是复习课)；课时(说明属第几课时)；教学重、难点(说明本课所必须解决的关键性问题及学习时易产生困难和障碍的知识点)；教学准备(或称教具准备，说明辅助教学手段使用的工具)；教学过程(或称课堂结构，说明教学进行的内容、方法步骤)；作业布置(说明如何布置书面或口头作业)；板书设计(说明上课时准备写在黑板上的内容)；教学反思等。文档式教案的模板如图 1-40 所示。

图 1-40　文档式教案模板

文档式教案的纸张设置一般为 A4，页边距为上 2 厘米，下 2 厘米，左 2 厘米，右 2 厘米，纵向排版。标题为三号宋体、加粗、居中。正文为小四号宋体，不加粗，行距一般设置为 1.5 倍。序号级别一般是一级序号用"一、""二、""三、"……二级序号用"（一）""（二）""（三）"……三级序号用"1.""2.""3."……四级序号用"（1）""（2）""（3）"……五级序号用"①""②""③"……具体可以在"开始"中的"编号"里面设置（见图 1-41）。

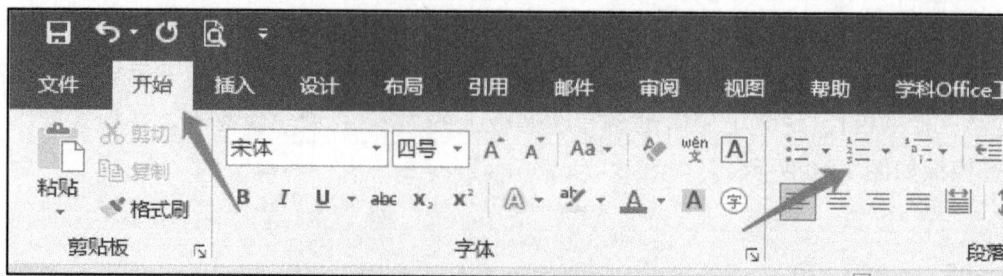

图 1-41　编辑序号界面

(2)表格式教案

表格式电子教案的最大优势是能把教学设计的整体结构罗列清楚，划分明确。如果设计得当，通过表格能把教师对信息化手段的运用体现出来(见图1-42)。

主讲教师		学校	
课题:		联系方式	
教学目标			
教学重点			
教学难点			
教学准备			
课时安排			信息化教学手段
教学过程			
板书设计			
教学反思			

图 1-42 表格式教案模板

在编写教案时，可以通过插入表格的方式进行编写。方法是依次点击"插入"—"插入表格"，设置行数和列数。插入好的表格，可以通过点击右键进行表格的拆分和合并，进行边框样式的设置，还可以通过表格属性进行更多设置(见图 1-43)。

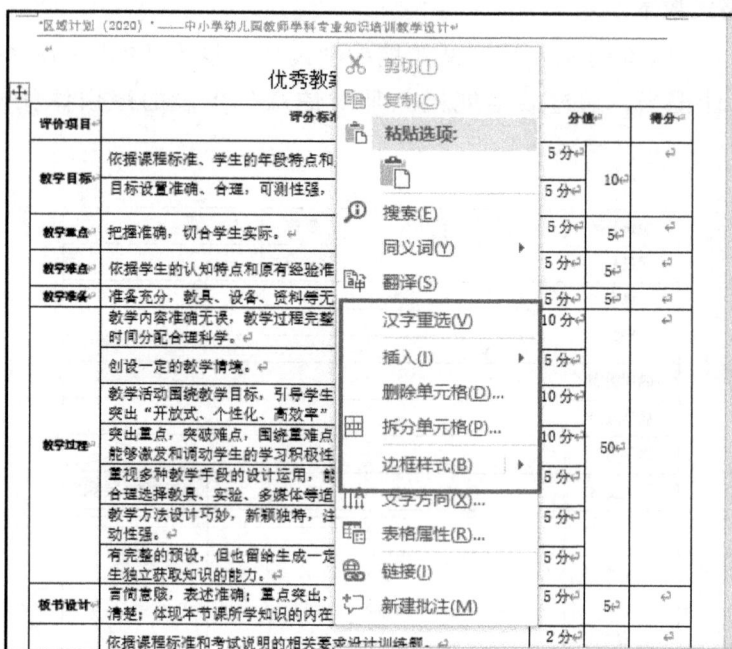

图 1-43　编辑表格

在设计编写教案的过程中，经常要插入一些图形、图片，如教案封面等(见图 1-44)。

图 1-44　教案封面

公开课和优秀教案评选中，一个美观的教案封面，能给人留下良好的第一印象。下面就以教案封面为例，讲一讲教案的图片、图形设计与编辑。

(1)插入图片

在教案中插入图片不仅可以起到美化作用，还能烘托教学主题。单击文档中合适的位置然后依次点击"插入"—"图片"—"此设备"—"选择图片"—"打开"，图片就能插入文档之中。可以通过"格式"删除图片的背景、校正图片的光线、调整图片的颜色、艺术效果等。

(2)插入图形

在教案的文字上插入图形作为衬底，可以起到强调作用，依次点击"插入"—"形状"，选择自己想要形状，将鼠标变成"十"字后在文字附近拖曳。这样就可以插入合适的图形，然后点击"格式"按钮，编辑形状填充、形状轮廓、形状效果。点击图形，再按鼠标右键，通过"设置形状格式"还可以调整更多设置(见图1-45)。

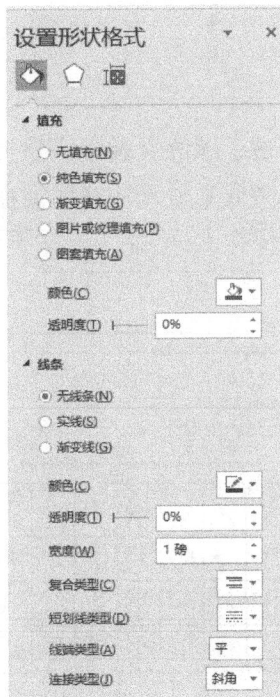

图 1-45　设置形状格式

3. 小学语文教案编写的小窍门 >>>>>>>>

(1)给汉字注音

在编写小学语文教案时，经常遇到要为汉字注音。如果一个一个地加太慢了，格式也不好对齐。其实 Word 本身就自带一个为文字注音功能，方法是选中要注音的文字依次点击"开始"—"拼音指南"，修改拼音的声调(见图 1-46)。

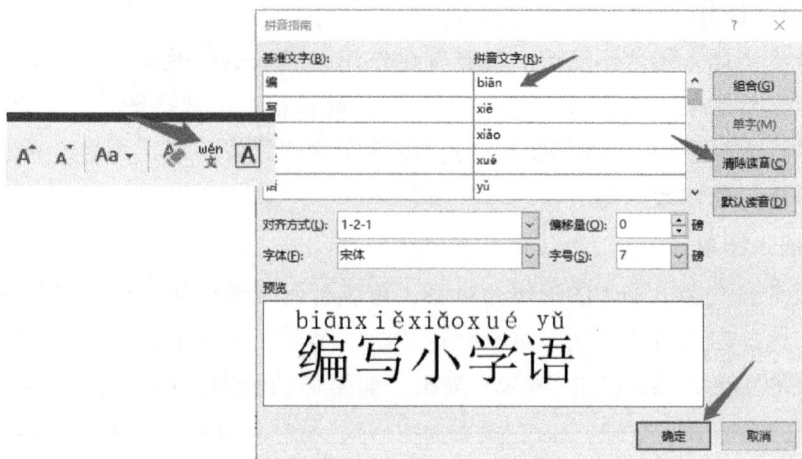

图 1-46　为汉字标拼音

(2)插入符号

指导学生正确书写汉字，是小学语文教学中重要的任务。在编写教案时，就涉及汉字偏旁的录入，这些偏旁通常是无法使用键盘直接录入的，这时我们可以用插入特殊符号的方法解决。依次选择"插入"—"符号"—"其他符号"命令，打开对话框(见图 1-47)。

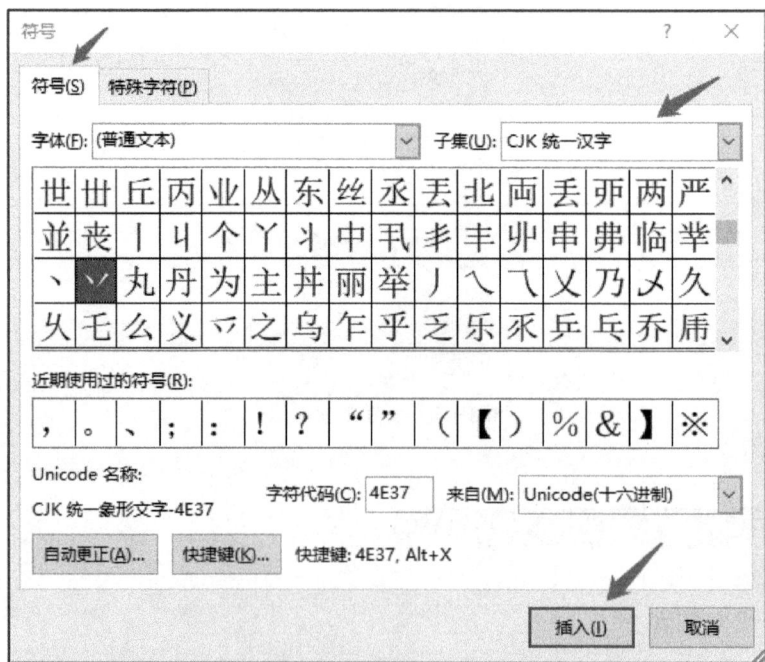

图 1-47　"符号"对话框

在打开的对话框里选择"CJK 统一汉字"的子集,找到并插入需要的偏旁。

(3)快速设置段落缩进

利用水平标尺可以快速、方便地调整各种缩进。但在编辑教案时,每个自然段都要缩进两格,这时如果通过手动缩进不但麻烦,还没有办法对齐,这个问题可以通过"段落"进行设置。选中编辑的段落,按鼠标右键,点击"段落"选项,在弹出来的菜单里设置"缩进",首行缩进两字符(见图1-48),然后点击确定,就可以了。

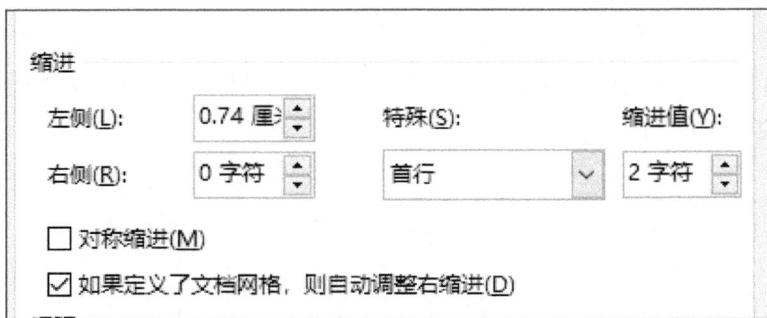

图 1-48 "缩进"对话框

(4)板书设计

在教学设计中"板书设计"是必不可少的,我们可以利用插入形状和文本框来绘制知识结构图(见图1-49)。用键盘输入"【】"(见图1-50),再输入文字"板书设计"。然后插入文本框,输入课题,文字方向可以选择横排或者竖排,文本框的

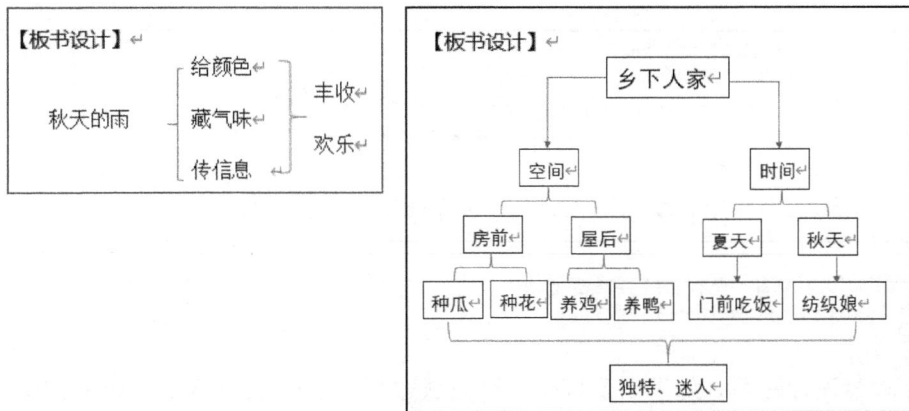

图 1-49 板书设计样例

边框也可以选择"无"或者进行颜色设置。文本框也可以通过拖曳移动到合适位置。而文本框之间的联系,可以单击"图形",插入连接符或者大括号。如果需要插入图片,则可以在插入时在图片上单击右键,在弹出的菜单里选择"大小和位

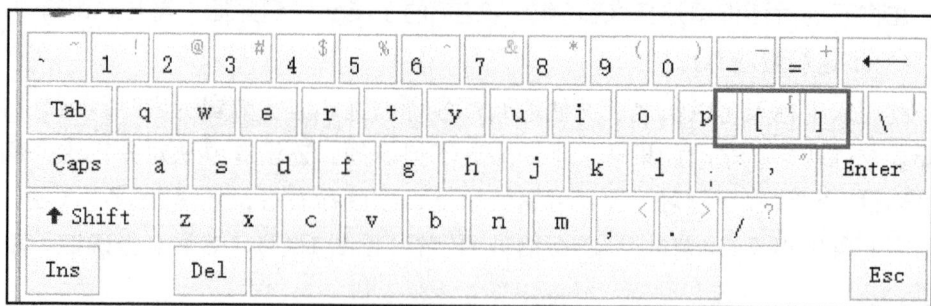

图 1-50 【】输入方法

置"，然后在弹出的菜单里设置为"浮于文字上方"（见图 1-51）。这样图片就可以任意拖动到文档的任何地方了。

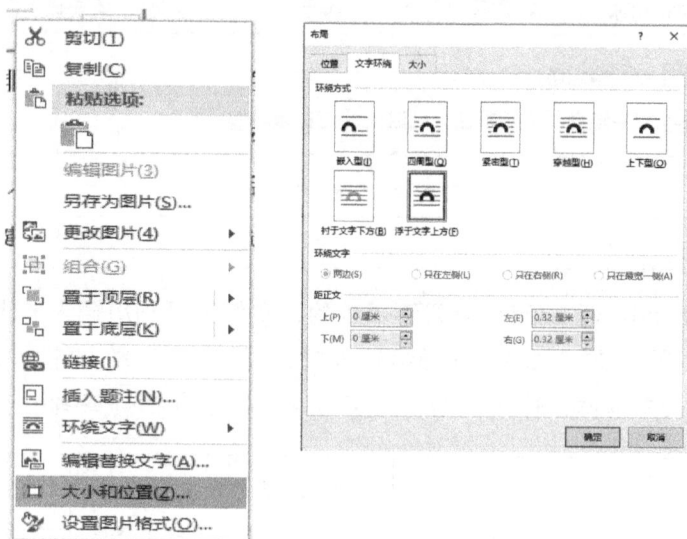

图 1-51 图片位置的设置

利用这些小妙招，就可以设计出一篇精美的教案。

4. 小学语文教案的打印 ＞＞＞＞＞＞＞＞

教案设计好后，如果需要打印，可先通过"预览"选项对整个文档的排版效果进行预览。如果不理想，可以再次调整。确定打印后，首先要设置纸张大小，一般默认为 A4，如果有特殊要求，可以通过"打印"选择纸张的大小，选择打印整个文档，还是只打印个别教案，是单面打印还是双面打印（见图 1-52）。

极简教育技术与小学语文教学

图 1-52 打印设置

五

课前准备案例：《静夜思》教学设计

1. 分析教材 >>>>>>>

《静夜思》是人教版一年级上册收录的一篇李白的古诗，他的诗想象丰富，风格飘逸豪放。这首诗从"疑"到"举头"，从"举头"到"低头"，形象地表现了诗人的心理活动过程，一幅鲜明的月夜思乡图生动地呈现在我们面前，表达了游子强烈的思乡情感。这首诗语言简练易懂，情感表达直接，适合低年级学生学习。

2. 分析学情 >>>>>>>

《静夜思》是一年级学生在课堂上学习的第二首诗歌，此时他们大多已经背过这首诗，但诗中的字并不是都认识。朗诵诗歌的方法需要教师的指导，对诗意的理解、诗情的感悟也需要教师的指导。而识字、写字是低年级的教学重点，要指导学生运用多种方法识字，提升识字效果。

3. 教学设计 >>>>>>>

分析之后，我决定先去网页搜索其他教师的优秀教学设计。经过比较、对比，我融合了多个教学设计的优点，有了如下教学设计。

《静夜思》教学设计

一、教学目标

1. 认识"夜""思"等 9 个生字，会写"思""床"等 7 个生字。

2. 能借助拼音，正确、流利地朗读古诗，背诵古诗。

3. 想象画面，初步感受诗中描绘的景象。

二、教学重点

1. 能正确、流利地朗读古诗，读出古诗节奏。

2. 背诵古诗。

三、教学难点

1. 感受诗歌所描绘的美好意境，体会诗人思念故乡的心情。

2. 培养学生阅读古诗的兴趣。

四、课前准备

1. 多媒体课件。

2. 生字卡片。

五、教学流程

(一)猜谜语导入

1. 小朋友喜欢猜谜语吗？今天，老师就给大家带来了一则：

有时落在山腰，有时挂在树梢，有时像面圆镜，有时像把镰刀。

(谜底：月亮)

小朋友，你们喜欢月亮吗？今天，我们就来学习一首有关月亮的古诗《静夜思》。

2. 出示古诗，指名朗读。

(二)初读课文，学习生字词

1. 自主练读课文，并用"○"画出不认识的字。

2. 四人小组内学习：说一说有哪几个字是自己认识的，不认识的字借助拼音自学，并提出自己不懂的问题，小组内交流学习成果，互教互学。

3. 学生提出不会读的字，纠正生字读音。注意正音，指导读好"静、床、光、望、乡"的后鼻音。

4. 找班级中认读生字吃力的学生，读本课生字，读准、读顺。

5. 学生提出不会组词的字。

6. 出示词卡检测字词掌握情况。

7. 提出不知道怎么记住的字，交流识记生字的方法。

加一加(故、思)、组词法(夜)、数笔画法(乡)。

8. 用生字游戏测试生字掌握情况。

(三)指导书写

生字我们会认、会读了，还有几个字我们要会写，看书写指导视频，在书上描红。

指导书写生字，重点是"思、前、乡"。

(四)感受诗意，再读古诗

1. 学会了这些生字，让我们再来读一读这首古诗吧！想一想还有哪些词语你不理解。

2. 学生提问，教师解释"疑、霜、思"。

疑：怀疑。追问：作者在怀疑什么？

作者怀疑：月光洒在地上是不是地上有霜呢？（依次点击，出示三张图片"月亮、月光、霜"）说明地上的月光就像给地铺上了一层霜。你能用自己的话说一说吗？

出示填空：（   ）好像（   ）。

如果要你来形容，你觉得月光还像什么？

3. 用一个词也可以形容，点击出示"月光如霜"。

4. 这么美丽的月夜，我们该如何读？（齐读）

5. 同学们读得真好，要想读好一首诗，我们应该怎样做？

预设：读准字音、注意停顿。

6. 画出停顿，再读一读（前两行）。

7. 读得真好，这么美丽的月夜，诗人在做什么？

预设：想念家乡。

追问：哪个词语是想？（思）怎么想的？（做动作）应该怎么读？画出后两句的停顿，有感情地朗读。

8. 拓展：

此时诗人李白他想到了什么？

（预设）学生：想到了家乡的美丽景色。

              想到了爸爸妈妈。

              想到了爷爷奶奶。

              想到了小时候和家人一起赏月的情形。

9. 出示《古朗月行》，有感情地朗读。

10. 可是此时此刻诗人李白独自一人在他乡，想想与家人团聚的情景，更显孤单，因此写下了这首《静夜思》。教师引读。

11. 在这清冷的月夜，诗人李白独自一人在他乡，抬头看见天上的明月，想念家乡……想象意境。

12. 指名最佳表演者上台表演，配以乐曲。

（五）拓展阅读

1. 诗人李白不仅仅写了这两首和月亮有关的诗，在他的晚年还写过一首《月下独酌》。出示这首诗，教师范读。

2. 介绍诗人李白：

李白，字太白，号青莲居士，是唐代伟大的浪漫主义诗人，被后人誉为"诗仙"，一生写过一千多首诗。

（六）作业

回家和爸爸妈妈找一找有关月亮的诗句，读一读，背一背。

（七）板书设计

静夜思

李白

床前/明月/光，

疑是/地上/霜。

举头/望/明月，

低头/思/故乡。

4. 资源准备 >>>>>>>

有了教学设计，就要依据教学设计准备上课所需要的资源。

文字准备：通过"百度"我搜集到了诗人"李白"的生平资料。考虑到学生还在一年级，因此进行了精简，只挑选必要的信息：李白，字太白，号青莲居士，是唐代伟大的浪漫主义诗人，被后人誉为"诗仙"，一生写过一千多首诗。找到的文字需要复制粘贴到课件中，设置好字体、字号、颜色。因为面对的是小学低年级学生，所以字体以楷书为主，字号考虑到教室面积比较大，学生人数多，所以选择 60 号以上的大小，颜色以黑色为主，重点部分用红色。背景以干净的白色为主，辅以深蓝色花边装饰，呼应诗中的"夜"这一主题。

图片准备：本节课在理解诗意时，难点在于"疑是地上霜"这一句，因此需要有关月亮、月光、霜的画辅助教学。搜集这些图片并不难，我选择了"百度"，很快就搜集到了。需要注意的是，找到所需图片后需要点击放大，再通过"另存为"或者是"截图"的方式保存，保证图是清楚的。

音频准备：本节课需要配乐朗读，我选择了古筝曲《渔舟唱晚》。我用"Camtasia"将音乐录制下来，然后用"格式工厂"转成 MP3 格式，这样就可以插入课件之中了。

视频准备：本节课在感悟诗人表达的情感方面有一定难度，所以我设计了情感迁移环节。通过让学生说一说与家人分开的感觉，迁移到诗人远离家乡的感受，但是光这样还远远不够。这使我想起前几年买的一套《中华古诗词鉴赏》光碟里面有真人演绎的古诗纪录片，原汁原味地再现了古诗描写的情境。于是我找到《静夜思》的视频，用"Camtasia"录制下来，然后将音频、视频分离，去掉讲解音频，重新加了背景音乐。又找了《静夜思》的古诗新唱音频，也加到音轨中。这样就合成了新的视频。

要的资源准备好了，我又对教学设计进行了重新整理，整理成表格式的教案（见表 1-1），这样更方便上课时使用。

表 1-1 《静夜思》教案

版　本	小学《语文　一年级》		
课　题	《静夜思》		
执　教	长春市台北明珠学校 窦继红	授课班级	一年级(1)班
教学目标	1. 认识"夜""思"等 9 个生字，会写"思""床"等 7 个生字。 2. 能借助拼音，正确、流利地朗读古诗，背诵古诗。 3. 想象画面，初步感受诗中描绘的景象。		
教学重点	1. 能正确、流利地朗读古诗，读出古诗节奏。 2. 背诵古诗。		
教学难点	1. 感受诗歌所描绘的美好意境，体会诗人思念故乡的心情。 2. 培养学生阅读古诗的兴趣。		
教学准备	1. 多媒体课件。 2. 生字卡片。		

教学流程		课件使用
导入新课	(一)猜谜语导入。 1. 小朋友喜欢猜谜语吗？今天，老师就给大家带来了一则谜语。 学情预设：谜底——月亮。 2. 小朋友，你们喜欢月亮吗？今天，我们就来学习一首有关月亮的古诗《静夜思》。 3. 出示古诗：指名朗读。	课件出示谜语： 有时落在山腰， 有时挂在树梢， 有时像面圆镜， 有时像把镰刀。 课件出示古诗。
初读古诗，学习生字词	1. 自主练读课文，并用"○"画出不认识的字。 2. 四人小组内学习：说一说有哪几个字是自己认识的，不认识的字借助拼音自学，并提出自己不懂的问题，小组内交流学习成果，互教互学。 3. 学生提出不会读的字，纠正生字读音。注意正音，指导读好"静、床、光、望、乡"的后鼻音。 4. 找班级中认读生字吃力的学生，读本课生字，读准、读顺。 5. 学生提出不会组词的字。 6. 出示词卡检测字词掌握情况。 7. 提出不知道怎么记住的字，交流识记生字的方法。 加一加(故、思)、组词法(夜)、数笔画法(乡)。 8. 用生字游戏测试生字掌握情况。	出示带拼音的生字： 夜、思、床、光、疑、举、望、低、故。 出示去掉拼音的生字。 出示测试游戏。

	教学流程	课件使用
指导书写	生字我们会认、会读了，还有几个字我们要会写，看书写指导视频，在书上描红。 指导书写生字，重点是"思、前、乡"。	播放书写指导微课。
感受诗意，再读古诗	1. 学会了这些生字，让我们再来读一读这首古诗吧！想一想还有哪些词语你不理解？ 2. 学生提问：相机解释"疑、霜、思"。 疑：怀疑。追问：作者在怀疑什么？ 作者怀疑：月光洒在地上是不是地上有霜呢？说明地上的月光就像给地铺上了一层霜。 3. 如果要你来形容，你觉得月光还像什么？能用自己的话说一说吗？ 4. 用一个词也可以形容。 5. 这么美丽的月夜，我们该如何读？（齐读） 6. 同学们读得真好！要想读好一首诗，我们应该怎样做？ 预设：读准字音、注意停顿。 7. 画出停顿，再读一读(前两行)。 8. 读得真好！这么美丽的月夜，诗人在做什么？ 预设：想念家乡。 追问：哪个词语是想？(思)怎么想的？(做动作)应该怎么读？画出后两句的停顿，有感情地朗读。 9. 拓展： 同学们，现在请你们静静地欣赏这画面，看看在这样一个安静的夜晚，李白站在窗前难以入睡。他看到月光穿过窗又洒落在窗前，那月光明亮如霜。仰望那天上的明月，又低下头看看地上的月光，此时诗人想到了什么？ 预设：想到了家乡的美丽景色。 想到了爸爸妈妈。 想到了爷爷奶奶。 想到了小时候和家人一起赏月的情形。 10. 出示《古朗月行》，有感情地朗读。 11. 可是此时此刻诗人李白独自一人在他乡，想想与家人团聚的情景，更显孤单，因此写下了这首《静夜思》。教师引读。 12. 在这清冷的月夜，诗人李白独自一人在他乡，抬头看见天上的明月，想念家乡……想象意境。 13. 指名最佳表演者上台表演，配以乐曲。	出示生字： 疑、霜、思。 依次出示图片： 月亮、月光、霜。 出示填空： （ ）好像（ ）。 点击出示"月光如霜"。 播放视频《静夜思》。 播放古筝曲《渔舟唱晚》。

	教学流程	课件使用
拓展阅读	1. 诗人李白不仅仅写了这两首和月亮有关的诗，在他的晚年还写过一首《月下独酌》。出示这首诗，教师范读。 2. 介绍诗人李白： 李白，字太白，号青莲居士，是唐代伟大的浪漫主义诗人，被后人誉为"诗仙"，一生写过一千多首诗。	出示《月下独酌》。 出示诗人图片和介绍。
课后练习	回家和爸爸妈妈找一找有关月亮的诗句，读一读，背一背。	
板书设计	静夜————思 月————霜　故乡	

第二章
课堂教学篇

　　教育的主战场在课堂，小学语文教学的各个环节可以用到哪些教育技术？这些教育技术可以起到什么作用？哪些可以达到最佳效果？具体落实到课堂之中应该如何去做？这些都是一线教师渴望从书中了解到的。本章节选用微课、识字教学、阅读教学、古诗文教学案例，分低、中、高涵盖了小学所有学段，向读者介绍如何运用极简教育技术进行授课。

一

极简教育技术在小学语文课堂教学中的作用

1. 极简教育技术在小学语文教学中运用的原则 >>>>>>>

随着网络信息技术的普及，一线教师在经历了教育信息化 1.0 培训后，对什么是教育技术都已经明晰了，但对于极简教育技术还不太了解。黎加厚在《现代教育极简技术》中指出，"极简教育技术"是指在学校教学工作中使用方便、实用、易学、易用，能够有效提高工作效率的技术。① 因此，极简教育技术在小学语文教学中运用的原则有以下几点。

第一，直观化原则。小学阶段学生的思维特点是以直观形象思维为主，逐步向抽象的逻辑思维过渡。这就为语言文字的学习带来了一定的难度，有些学生甚至终生都无法理解那些抽象文字所代表的含义，因此患上读写障碍症。信息技术进入小学语文课堂，首要责任就是发挥现代教育技术能够集图、文、声、动画于一体的优势，能化静为动、化抽象为形象、化复杂为简单，形象生动地向学生展示所要学习的内容，帮助他们理解，从形象思维走向抽象思维。例如，学生对形近字的区分，可以通过字理演示来揭示汉字的来历，从而达到区分的目的。又如，对于课文中那些描写内容与学生生活实际、认知经验有一定距离的内容，如果能运用信息技术模拟出课文中的场景、人物或者观看同名影视作品片段，都可以达到帮助学生理解的目的。如学《草船借箭》时，就可以播放电视剧《三国演义》"火烧赤壁"的片段导入课文，采用倒叙法来激起学生的好奇心，让他们对文本内容更加感兴趣。此时，如果教师适时稍加引导，还能延伸到整本书的阅读。

过去，教师在使用信息技术手段时，技术操作是难点。随着科技的进步，越来越多的研发人员投入教育软件、平台的开发中，使操作越来越简单。运用极简教育技术与学科教学相融合，创设情境、突破难点、突出重点，可激发学生的学习兴趣，从而达到提高教学效率和质量的目的。

---

① 黎加厚、鲍贤清：《现代教育极简技术》，9～10 页，北京，北京师范大学出版社，2020。

第二，资源化原则。网络信息技术为我们带来丰富的资源，运用这些资源可以为学生多样化的学习提供保障。《义务教育语文课程标准(2022年版)》(后文简称"新课标")提出"积极倡导自主、合作、探究的学习方式"。要想达到这一点，就需要大量的资源作为支撑。近几年，国家在这方面投入大量的资金和人力、物力建设了"国家教育资源公共服务平台"。教师可充分运用这些资源引导学生调整学习方式，提高他们的自主学习和合作学习的能力，使他们具有终身学习的能力。但是在资源的运用中还需要注意以下问题：一是要集成化，教师要做资源的引导员，提前将学习资源组合好，提供给学生，而不能将学生抛入网海中；二是要提供方法，就是为学生提供合理使用这些资源开展学习的方法，常见的方法就是"学习任务单"。这样，学生就可以选择自己所需要的资源和不同的学习方式，实现个性化的学习。有了这些学习资源和教师的指导，学生可以把更多的精力投入现实的、探索性的学习活动之中，体会知识的形成过程，获得更多的学习成就感，成为新的学习资源主体和知识的建构者。把网络信息技术作为学习的途径，使电脑和网络成为学习的手段之一，学会收集、处理信息，交流分享学习成果，这才是未来学习的趋势。

第三，科学化原则。信息技术应用于现代教育教学中，与学科整合是一种需要，更是一种必然的趋势。运用信息技术不但可以激发学生学习兴趣，为学生带来更多的选择，还可以对学习过程进行监测，对学习结果进行科学化的评价。近几年来，有很多科技公司在学生评价方面做出了不错的产品，有的是针对学生的注意力进行测评，有的是针对学生的课堂行为进行测评，有的是针对学生的学习成果进行跟踪性评价。这些评价及时反馈给教师，教师可以根据这些数据进行教学内容调整和方法的改进，让教学更加有的放矢。极简教育技术在小学语文教学中的科学化原则，还体现在恰当、合理的使用上，例如，测评数据要注意保密，这些关系到学生隐私的问题一定要谨慎。涉及学生课堂行为监测的，还要注意全程保密，不能给学生带来压迫感，毕竟谁也不想活在监控之下。应用信息技术手段，还要掌握最佳的时机，不能用技术手段代替文本和学生的体验。用好技术，但不能被技术牵着鼻子走，课堂教学毕竟是教师和学生的天地，而不是炫技场，这些问题，都需要教师一点一点地去探索，去总结。

第四，简便化原则。提倡教育技术的极简化正是遵循了这一原则。近几年，研究和开发教育技术的公司如雨后春笋般地涌现出来，每一家都有自己的特色，每一个平台也都有可取之处。但一节课只有四十分钟，只有一名教师，一双手，没有时间和精力在各大软件和平台中切换，再加上网速的制约有时会出现卡顿现象，如果频繁切换，恐怕就没有时间进行其他的教学活动了。因此，选择一个综合化的教学平台放置资源，开展授课，选择一个众人熟悉的软件制作课件，是明智之选。而教育科技公司在研发过程中要注意产品的兼容性、简单化、普适性，兼容度越高，操作越简单，教师越容易掌握，也就越容易普及。当然也可以往专业上发展，专注一个应用场景，如提供课堂教学资源和工具，但一定要能嵌入其他教学平台中。如果只能单独使用，或者只能用于某个品牌的终端上，就会因闭塞推广难、使用难，而被一线教师抛弃。简便化的原则还体现在教师的应用上。教师要用小技术、微应用解决教学中的重点、难点，而不是一头扎进教育技术的钻研上，变身为"技术达人"。选择适合自己的，选择最简单方便的方为上策。如课堂教学中可以使用的平台有很多，像"希沃助手""教师助手""互动课堂"……究竟选择哪个教师先要考虑自己用什么格式的课件，若使用PPT，这些平台都可以兼容。那就考虑课堂教学时自己还需要哪些功能，如果需要同步录制就选择"互动课堂"，如果需要和官方的资源服务平台对接，就根据自己所在地区教育资源服务平台上的应用情况进行选择。如果需要进行直播，录制微课，就可以选择"希沃助手"。选择好之后，就不断探索，坚持使用，数据经过一定时间积累起来，才能更好地指导教学。

2. 极简教育技术在小学语文教学中运用的策略　>>>>>>>

第一，运用极简信息技术，激发学生学习兴趣。教育信息技术之所以能够走进课堂，广受师生喜爱，最重要的一个因素就是能够激发学习兴趣。在传统的小学语文教学中，教师最大的难题就是无法快速地将学生带入课文学习之中，尤其是低年级学生由于年龄小，注意力不集中，很难把他们的注意力吸引到课文的文字上。现在有了信息技术，这个问题就好解决了，因为信息技术有声、光、画多角度的呈现方式，教师可以根据学生年龄特点，从他们最感兴趣的角度去设计，或是用短视频导入激发学习兴趣，或是运用字理演示动画帮助识记、运用汉字，或是运用动画突破教学难点，还可以运用微课，帮助接受能力慢的学生复习……这些策略，都可以激发学生学习的兴趣，为他们打开知识的大门。到了中高年级，学生已经有了一定的语文知识积累，掌握了初步的学习方法，学习习惯也已经形成，这时运用极简教育技术激发学生学习兴趣的重点，就从如何引入逐渐走向对学习兴趣持久力的作用上。学生的学习兴趣要想持久，一方面要让他们获得学习的成就感，另一方面是要让他们意识到学到的知识有用，能帮助他们更好地生活。要想达到这两点，就要能够熟练地运用极简教育技术，为学生搭建学习平台，提供将知识和生活联系起来的空间。此时的激发学习兴趣，不再局限于营造课堂氛围，用声音画面呈现学习内容，更重要的是形成学习共同体，有学习的圈子，学生能在其中结交到志趣相投的朋友，一起来探究知识，树立目标，这就能够让学习兴趣持久化。

第二，运用极简信息技术，为学生搭建学习环境。《基础教育课程改革纲要

(试行)》明确指出："大力推进信息技术在教学过程中的普遍应用，促进信息技术与学科课程的整合，逐步实现教学内容的呈现方式、学生的学习方式，教师的教学方式和师生互动方式的变革，充分发挥信息技术的优势，为学生的学习和发展提供丰富多彩的教育环境和有力的学习工具。"教育信息化为学校带来的另一变革就是学习环境的改变，过去的学校主要是由一间一间的教室组成，随着信息技术进入校园，首先出现了"微机室"供学生学习电脑知识。紧接着是投影仪进入每间教室，近几年电子白板、液晶屏，已经很普及了。科技的进步让电子设备越来越先进，越来越人性化，价格越来越便宜。网络也从最初的有线接入，到现在的无线覆盖，网速提升让卡顿现象逐渐消失。在这些技术的支撑下，录播教室、简易录播教室开始在校园中普及，为校园数字化提供了保障。应用也从播放资源开始向数字化环境转变，学生从进入校园开始，电子测温、人脸识别打卡签到、云晨读、同步课堂、智能终端反馈以及整个学校管理都开始采用信息化的方式。运用这些现代教育技术还能为学生创造丰富、生动的学习背景，建构互动交往的环境。建立丰富的信息资源库、形成系统的学习材料，激活学生的思维、培养学生的创新意识。随着教育技术的改进，各种应用在操作层面上越来越简单，学生很容易就学会运用，有时甚至比教师更快掌握。信息技术开阔了学生的视野，学生利用现代教育技术可以获取课堂以外的更多学习信息，这些信息有时是教师都不知道的。我就曾经遇到过这种情况。在教学《小蜗牛》一文时，一个学生问我："蜗牛是否有牙齿?"正当我不知道怎么回答时，另一个学生回答："蜗牛不但有牙齿，而且它有25600颗牙齿，是牙齿最多的动物，因为它的牙齿很小，所以肉眼无法看到。"这时候我才知道，这个学生在课前也好奇这个问题，于是自己上网查找了资料。看!培养学生运用信息技术自主获取信息，实现对问题的研究、分析有多重要啊!在解决问题过程中提高他们的动手实践能力，提高他们的学习成就感，下次遇到问题他们会更主动地去通过信息技术解决。有了这样的意识，才能实现对学生创新思维能力的培养。

第三，运用极简信息技术，提高学生学习效率。每一次技术的变革更新都大大提高了生产力，提高了人们的工作效率，信息技术的出现也不例外。过去印刷一份试卷，要经过编写、刻板、油印，因为油印的蜡纸使用寿命短，且清晰度低，有时为了印制一个班的试卷，要用铁笔刻出多份内容相同的蜡纸。学生在这样的试卷上答题，蹭得衣袖上都是油墨，教师批卷时也是满手油墨。现在有了信息技术的帮助，打印机、速印机、扫描仪成了学校的必备办公用品，印刷试卷不再是问题，连试卷的批改也可以采用信息技术，例如，"科大讯飞"智能阅卷系统不但阅卷速度快，还避免了人为因素，使得学业评价更加科学化;课堂授课系统的普及让学生的点名、小组的评分都逐渐实现了数字化。这些都让教师教学更加得心应手。数字化教具使知识更快、更好地呈现，节省了教学时间，让学生有更多的时间用于交流讨论。信息素养高的教师还可以运用极简教育技术，借助教育资源，改善教学环境氛围，将传统教学模式融入声像系统中，使学生自主学习，培养学生的能力，从而提高学习效率。

第四，运用极简教育技术，转变教学方式。教育技术的改进，不但体现在教学环境上，还体现在促进教学理念的转变上。随着对教育技术的不断探索，教师对学生的教育发展方法和模式进行丰富，不断开发新的教学手段，改变学生的学习方式，让学生乐学、善学，成为学习的主人。教师也从课堂的"演说家"转变为"主持人""引导员"，形成师生之间的学习共同体。统编版小学语文教材在这方面起到了引导作用，每学年都有的"综合性学习"就是为学生提供这样的实践机会。利用网络信息技术，教师可以开展主题活动，让学生自己组建团队、搜集资料、汇报交流。这有别于传统教育模式的单向传递，学生不再只是接收信息，而是需要自己寻找信息、分析信息、整合信息，在这个过程中学生能获得的东西远比书本上的知识要多。这个过程离不开网络信息技术，离不开教师对学生的引导作用，但这种伙伴关系更容易让学生接受，学习氛围更加和谐，学生更加主动。这也就是近几年"项目式学习"渐渐走红的原因。

随着 5G 的研发，网络更加普及，通过网络获取知识已经不再是新鲜事。所以教师要主动学习信息技术，用好极简教育技术指导学生开展线上学习，提高单节课内容的充实度。让更多的学生正确使用网络学习知识，这是时代发展的必然趋势。

3. 极简教育技术与小学语文教学融合要注意的问题 >>>>>>>

随着时代的发展，现代教育技术的应用已经成为衡量教学是否先进的重要指标，不可否认它的确提高了学科教学的质量，但是，这并不意味着现代教育技术就是完美的，在使用过程中我们还需要注意以下问题。

(1)过度依赖

信息技术再好，也不能成为教育教学的主体。如果教师过度依赖技术，抛弃传统教学手段，就会造成教师离开电子设备、遇到停电、设备出现故障时就讲不好课。还要注意多媒体课件要适量、适度，不是课件越多越好。有的教师用准备好的课件代替备课，用课件代替书案，上课时用播放课件代替讲课，而教师则成了电脑的操作者，本末倒置，夸大了信息技术在教学中的作用。过度使用技术，用动画片代替学生阅读课文，剥夺了学生通过文本获得乐趣的权利，剥夺了学生的想象权利，固化了人物形象，这些都是不可取的。信息技术介入课堂教学，绝对不能代替学生的思维，因此，我们在应用现代教育技术时，要正确处理好人机关系，始终坚持"以人为本"，充分落实学生在教学过程中的主体地位，现代教育技术只是课堂教学的辅助，不能成为课堂教学的全部。

（2）过于炫技

目前有的教师在使用教育技术时还停留在播放课件上，以为运用信息技术就是用电脑制作课件。因此有的教师为了在公开课上加分，为了符合现代化的评判标准，大量用图片、动画做课件，文字也加上不同的颜色、艺术效果，把课件做得色彩斑斓，结果整节课成了"炫技"场，学生不但没能学习、思考，注意力也被分散，学习的习惯、素养难以养成。

例如，有一节语文课，教学内容是拼音"a、o、e"，教师为了吸引学生设计了一个池塘的画面，将这几个拼音巧妙隐藏在池塘的景物之中。这本来是一个非常巧妙的设计，但教师添加了一个动画：一只小青蛙从幻灯片的左侧跳到右侧，不断循环。结果上课时学生都被这只小青蛙吸引了，教师讲了什么，拼音藏在哪里都没注意到。这样的设计无疑是失败的！还有的时候，授课教师本身不会制作课件，课件是由学校里的电教教师帮忙制作的，由于不熟悉，上课时找不到自己需要的功能，弄得满头是汗。如果是专业的技术人员制作的课件，这样的问题就更突出了，切换设置过多，界面复杂，动态效果眼花缭乱，因为他们不了解课堂教学，往往设计出来的课件并不适合一线教师使用。因此如果教师要委托其他人制作课件，要做出详尽的设计方案，见图 2-1 所示。

学校 _____ 学科 _____ 教师 课件设计方案			
课题	课型	主讲人	授课时间
教学环境			
教学准备			
教学过程	呈现内容	呈现方式	操作方式	备注

图 2-1　课件设计方案

建议大家在制作课件时统一模板，统一文字的字体，色彩不超过三种，这也正是我们极简教育技术所倡导的"极简风格"。如果一线教师觉得设计制作课件耗时耗力，又无法达到理想的效果，可以到专业的网站上去下载设计好的模板，然后根据自己的需求修改。

但是这些都只是浅层次的运用，因为无论课件制作得多么精美，除了给学生带来感官的触动，并不能带来思维的变革。要想进行深层次的运用，就要从学习的角度出发，不只使用课件，还要在各个环节下功夫，如师生互动、学习过程评价、个性化学习，包括课前预习和课后拓展延伸、复习等方面。只有这样才能达到教与学的方式转变，达到深层次的融合。

二

运用极简教育技术优化小学语文课堂教学效果

1. 运用"微视频"激发学习兴趣 >>>>>>>

　　兴趣是最好的教师。小学生年龄小，还处于形象思维的阶段，而文字是抽象的，课文中有些描写离学生生活实际有一定距离，学生难以想象，因此就对课文内容失去了兴趣。此时运用"微视频"可以将课本上的抽象知识变得形象，创设课文中的情境，利于学生理解。这种"微视频"可以是"图片式"的(见图2-2)。

图 2-2 图片式微课

　　例如，在执教《黄山奇石》这类描写景物的文章时，教师可以提前把搜集到的相关图片，用 PPT 排列好播放顺序，切换模式，然后配上音乐，导出视频，在课堂导入时进行播放。导出方式如图 2-3 所示。

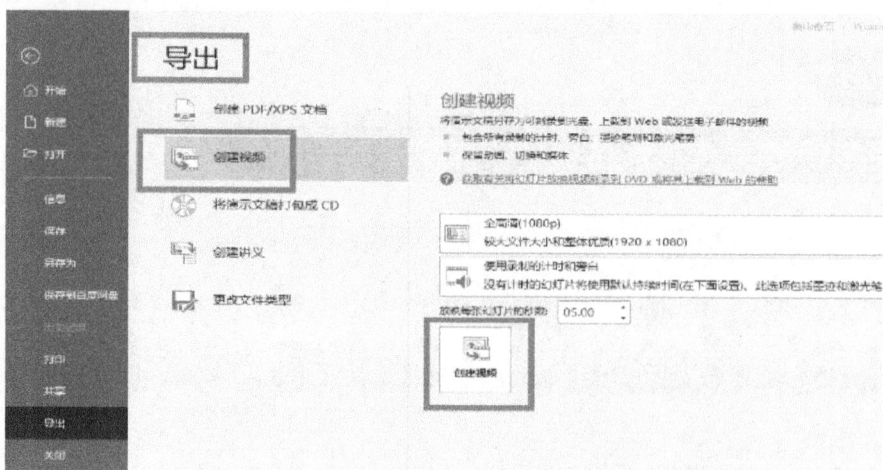

图 2-3　点击文件中的导出，设置好时间，导出视频

　　这样的"微视频"能让没有去过这些地方的学生，对作者笔下的景物有了一定的认识，同时也满足了学生的好奇心。也可以从网络上下载合适的视频，进行剪辑。例如，在执教《飞向蓝天的恐龙》这类具有时代距离的文章时，我就曾从电影《侏罗纪公园》中剪辑片段，在课堂上播放。

　　将文字和画面进行对比，能引导学生感悟语言文字的妙处，从而激发对语文的学习兴趣。这种"微视频"还可以发动学生自己去录制，例如，在讲授关于"春天"的习作时，就可以让学生去拍摄相关的照片、视频，然后教师将这些图片搜集整理好，在课堂指导习作时进行播放，这样不但能让学生感到亲切，还潜移默化地引导学生进行观察。有了充分观察作为基础，学生在写作时，自然就能言之有物了。"微视频"恰当运用，有时还能将学生带入课文描写的情境之中，让学生如临其境，从而与读者产生共鸣。像李玉平老师所创作的《从百草园到三味书屋》的微课就是利用 PPT 的强大图片处理功能，将图片从彩色变化为灰白，恰当地运用了各种艺术渲染效果。首先映入眼帘的是一幅艳丽的画面，茂密的草丛，古香古色的院落，随之显示的是文字"我不知道为什么家里的人要将我送进书塾里去了"。紧接着画面换成书斋的院门，文字变成"而且还是全城中称为最严厉的书塾"，音乐也由刚开始的欢快变得低沉。此时画面变得模糊，色彩由鲜艳变成灰白，纹理变得粗糙龟裂，直至消失。当"总而言之：我将不能常到百草园了。Ade，我的蟋蟀们！Ade，我的覆盆子们和木莲们！"的文字出现时，整个画面逐渐变黑，只剩下白色的文字。这些视觉效果冲击着每个观众的心灵，让人体会到了作者告别百草园的无奈和伤感。这个"微视频"，恰当地运用了各种艺术效果来突出作者的心理变化，让观者感受到作者要结束童年色彩斑斓的生活，步入枯燥读书生涯的失落和悲伤，效果见图 2-4 所示。

图 2-4　图片由彩色的变成黑白的，由清晰的逐渐变成龟裂、模糊的

　　而李龙老师制作的《乡愁》的微课，只有一张图片，通过局部放大移动、变换位置出现的方式，加上悠扬的音乐，很好地传达了文字表达的意境，让人很快就感受到了浓浓的乡愁。这些"微视频"制作技术并不难，是一线教师很快就能学会的，能在教学中起到事半功倍的作用。操作界面如图 2-5 所示。

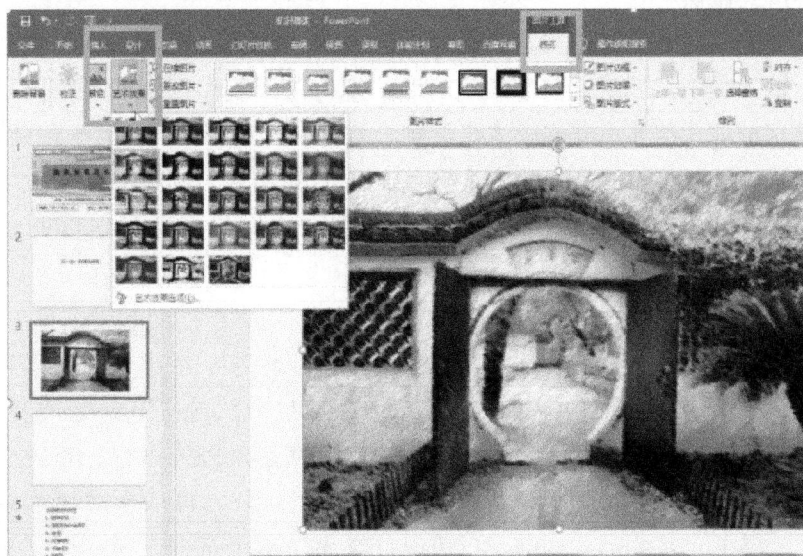

图 2-5　运用 PPT 中"图片格式"选项，设置图片颜色、效果

2. 运用"微课"助力小学语文教学 >>>>>>>

　　微课作为一种全新的资源建设模式和新型的学习方式，以其主题突出、短小精悍及交互性强等特点，正在被广泛应用到各学科中。结合小学语文教学的特点进行微课开发，实现信息技术与教育教学的深度融合，可以满足学生的个性化学

习需求，转变学生的学习方式，为小学语文教学助力。

(1)小学语文微课的几种常见呈现方式

优秀的微课之所以能吸引学生，一是画面生动、充满趣味；二是短小精悍、主题鲜明。由于语文学科的自身特点，在设计微课时可以根据不同的学情选择不同的呈现方式。

①图片式微课

图片式微课有着鲜明的色彩、直观的形象，再配上合适的音乐，其所渲染的氛围能将学生带入课文情境，让他们如临其境。这样学生的学习过程就是享受学习乐趣的过程，从而让学生变得爱学习语文了。例如，前文所提到的《从百草园到三味书屋》微课和李龙老师的《乡愁》微课就是属于这一种。整个微课既没有教师的讲解，又没有全文的展示，只是将课文的部分文字配上了简单的画面和音乐。

在小学语文课的导入环节，我们可以使用图片式的微课创设教学情境，在指导学生朗读时也可以用这样的微课烘托气氛。

②讲解式微课

这种微课采用 PPT 与讲解结合的方式，这也是教师常用的方式。微软公司出品的办公软件"PowerPoint"自带录制功能，就可以录制微课。如果需要更多的效果，可以用录屏软件"Camtasia"进行录制。例如，在执教作文《第一场雪》时，我收集了远、中、近等不同景别的雪景和雪花细节的图片、视频，配上文字做成了PPT。一边播放，一边讲解，一边录制成微课，这样的微课可以帮助学生反复学习。

③动画式微课

动画式微课，就是把所学习的内容用动画演示出来。在小学语文低年级的识字教学中，有很多象形字、指事字、会意字，学生理解起来有一定难度。例如，在执教"率"这个生字时，可以设计这样一个字理演示动画式微课：首先出现的是一队纤夫拉着一条大船，画面出现横着的甲骨文"率"，再依次演变为金文、篆书、隶书、楷书。字体形象的演示，可以让学生对这个字的来历有所了解，并对字形留有深刻的印象。接着还可以借助动画的互动功能，设计这样三个互动小游戏：第一个是自动书写演示，尝试书写；第二个是拖拽式填空，为这个字的不同组词，选择不同的字音；第三个是训练这个生字的运用。这些动画微课清晰、直观、生动，易于理解，很好地破解了识字教学的难点。但制作起来有一定难度，需要有专业的团队进行制作。

④录像式微课

这种微课就是把教学实录进行剪辑，现在很多学校都有录播教室，教师可把自己的课堂录制下来，将重点部分剪辑出来，形成微课，发到班级空间里，方便学生学习。还可以利用手机的录制视频功能发动学生录制微课。一方面，可以帮助他们进行语言表达训练；另一方面，能够引导学生关注生活，将学习与生活联系起来。例如，学完《"贝"的故事》就可以"汉字背后的故事"为主题，让学生录制微课，让学生通过绘画、讲解，推演汉字的来历。这种调动学生多种感官参与识字的方法，由图到字，再到故事，让识字变得更有趣了。这些微课需要学生反复练习，经过多次录制才能完成。学生不但从中学习了技能，还使语言表达能力大大提高。

⑤**系列微课**

探究式学习、主题性学习、项目式学习，这些新的尝试都离不开系列微课资源的支撑。系列微课也叫"微课程"，它是围绕一个知识点或者一个单元、一篇课文进行设计的。就像前文提到的作文微课，多堂作文微课集结到一起就是作文系列微课程。针对汉字书写可以有字理演示系列微课、字义讲解微课、书写指导系列微课……这些微课能让教学如虎添翼。

(2)小学语文微课的设计

优秀的微课，其核心不是制作技术，而是设计理念。设计一节好的微课要对教学内容有深入的领悟和把握。只有这样才能找到适合的内容和呈现方式。设计微课可以从以下几个方面着手。

①**围绕一篇课文设计好微课**

小学语文教学一般是以课文为内容进行的，围绕一篇课文设计微课首先要想好：各个环节的重点、难点是什么？课前学生预习会遇到哪些难题？课堂上的导入环节是否需要用微课创设情境？阅读课文时是否需要阅读方法的指导？有无课文内容与学生生活实际距离较大，学生无法想象的情况？课后学生完成的练习是否有难度？这些地方都可以成为微课设计的切入点，如使用电子书包执教《两小儿辩日》时，可以制作操作性的微课"如何操作平板电脑"、预习性微课"学习文言文的意义"，供学生课前预习用。可制作"如何阅读文言文""《两小儿辩日》中的科学道理"这样起到突破重点、难点作用的微课用于课堂教学。这些系列微课都保存在电子书包平台中，学生可以根据"自主学习任务单"来自由选择学习内容和进度。再如，执教《窃读记》时，由于作者描写的事情距现在已经将近一百年了，学生很难理解当时人们对书籍的向往。为了破解这一难题，可以剪辑电影《城南旧事》的片段，再加上当时的一些老照片，制作成微课。学生通过观看电影片段、老照片等就很容易明白当时人们只能靠读书了解社会、了解历史。而买书的费用对当时的家庭而言有些昂贵，这就是小作者"窃读"的原因。学生明白了这一点，在阅读课文时才能体会作者的困境，理解课文内容就变得容易多了。如果想让学生有感情地朗读，教师还可以利用动画配音微课，让学生为动画片配音。这种表演出课文内容的方法，也是语文教学的新手段。以上这些都需要微课的助力。

②**围绕课文重点、难点设计微课**

小学语文微课有时可以只针对一个环节进行设计，为了突破某个理解难点而制作。例如，对于"长征"一词，学生都很陌生，大部分只理解了它的本义"长途跋涉"，对"长征"的历史事件并不清楚。教师可以发动学生一起查找资料，寻找有关长征的宣传片、路线图等，制作成一节微课。再如执教《乡下人家》时，课文的每个自然段结构相似，教师可以制作一节有关阅读方法的微课。从字词理解到句子体会，为学生提供易于模仿的样例，以此来引发学生的讨论和思考。在观看微课后带领学生阅读第一自然段并归纳读书方法，然后利用这些方法自学其他段落。这种阅读方法指导微课，是授之以渔，有利于学生能力的培养。这种"点"的设计，一定要有针对性，宜短不宜长，切入点要迅速准确，直奔主题。

③**围绕课外阅读设计微课**

小学语文教学不应局限在课堂之内，有时候一篇课文是一部书籍的节选，由一篇课文的学习拓展到一本书或者是一系列书的阅读是每个语文教师常用的方法。我为了引导学生读书，录制了"如何阅读一本好书""如何进行批注式阅读"等微课；在执教《威尼斯小艇》时，制作了和课文发生地相同的小说《威尼斯商人》的推荐阅读课。教师的行为会影响学生，渐渐地学生也会用这种方式来分享自己的读书收获。在学习关于"大海"的单元时，学生就围绕着"我眼中的大海"主题，纷纷录制了微课，向同学介绍有关海洋的知识、趣闻、传说。这些课外阅读微课，为学生的学习提供了新的平台，打开了新视野。

④**围绕知识点设计微课**

一提到微课设计，有些语文教师感到存在困难，他们认为数学等理科类的微课好设计，可以围绕一个类型题设计，而语文微课则很难做到这一点。其实，语文微课也可以围绕着知识点来进行制作。在小学六年级学生开展语文复习时，教师可以带领学生梳理小学语文知识要点，以组为单位认领一个知识点，进行微课的设计和制作，主题为"作文写作——记叙文""修辞方法——比喻""古诗的分类""标点符号的使用"……然后让学生展示这些微课。这就相当于带领学生进行了一次系统性的复习。开展低年级教学时可以设计"b 和 d 的区分""如何查字典""引号的使用方法""如何运用修改符号"等知识点讲解微课，还可以让学生参与讲解。微课之所以叫"微"课，是因为它可用小视频解决小问题，因此我们设计微课时，着眼点越小越具体越好。

(3)小学语文微课的误区

微课虽好，但要恰当使用，就像信息技术与学科融合一样，要适时、适机地运用。近年来，不少微课的设计和使用者陷入了如下的误区。

①**认识上的误区**

第一，微课、微课程和微型课不分。很多一线教师不明白微课、微课程和微型课有什么区别，于是拿着微课去参加微课程大赛，拿着微型课去参加微课大赛，致使在比赛中失败。其实它们从本质上是有区别的，微课是围绕一个知识点进行设计的单节课，时长不宜超过 10 分钟；围绕一个方面设计的系列微课，就是微课程；按照需求剪辑课堂教学实录片段就是微型课。

第二，微课只有讲解没有互动。有的教师误以为微课就是微缩的课堂，于是把一节完整的课堂实录剪辑成若干个片段来当微课；有的微课只有教师的讲授，缺少互动环节的设计，缺少让学生思考的空间，将问题的结果直接说出来，从教师的"满堂灌"变为机器"满堂灌"。这些做法都是有问题的。长久下去，不仅会让学生产生视觉疲劳，还剥夺了他们主动思考的机会，不利于培养其主动探究的能力。

第三，微课制作花样过多。一开始设计微课时，教师出于新奇的缘故，总是过多地使用各种炫目的动画、背景。这就使很多和教学内容无关的因素出现在微课中，例如，有一节关于"数句子"的微课，在整个过程中，页面经常会出现各种卡通小人的动画。可能教师觉得这样制作会吸引学生，但没有想到的是，这样做会让学生的吸引力集中到卡通人物上，而不是文字上，有点喧宾夺主。还有的教师为了参赛获得好成绩，花钱请专业人士进行设计制作。这些技术人员不了解教学实际情况，虽然技术过硬，设计出的微课技术含量高，可在教学中却一点不实用。记得笔者有一次参加一个展示活动，看到一个系列微课程，每一个都有一段很炫目的片头，长达两分钟。这样与教学无关的内容，除了在课堂上占用宝贵的时间，让学生惊叹外，实际上对教学一点好处都没有。小学生的注意力本就分散，画面太过绚丽，更加分散了他们的注意力。这样的微课不但没有好处，反而有害。

②内容选择上的误区

第一，切入点错误。设计微课，首先要考虑运用到哪个环节，这就是微课的切入点。有的教师为了使用而使用，先设计微课，然后再设计教学过程，其实这是错误的。正确的方式是先有教学设计，然后考虑，有哪些地方运用传统教学手段无法解决，或者效果不好。如果运用微课可以很容易解决，那就制作成微课。还有的课文阐述的是科学原理，例如，《夜间飞行的秘密》就可以使用动画型微课演示出蝙蝠飞行的过程，这样更方便学生理解课文内容。但不能把整篇课文录制成动画，那会让学生失去了想象的空间。如果教师上课时播放了整个文章的动画片，学生看完了，对课文就不再好奇了，自然也就没有了学习的欲望。

第二，方式有欠考虑。有的教师设计微课的选题很好，但在制作过程中没有选择相匹配的制作方式。例如，有位教师制作了古诗朗读的微课，她声音甜美，画面唯美，示范朗读非常好。但遗憾的是，缺少朗读方法的指导，没有将古诗的停顿、重音标注出来。这样的微课看上去很美，但没有实用价值，学生只是看个热闹，却无法学习模仿。有的课程内容明明学生动手操作就能探究出来，教师却将其录制成了微课，把结果直接告诉学生，剥夺了学生思考的空间。

第三，模板雷同。一线教师因为自身技术有限，多习惯使用现有的模板。只需要添加、修改内容即可。可是这样做容易产生审美疲劳，学生看多了就容易产生疲劳了。

第四，过度使用。由于微课具有很多优点，所以广受师生喜爱。但是也出现了过度使用的现象，有时教师是将微课当作任务完成的，结果质量不高。有的教师则是整节课都播放微课，缺少了对学生其他方面的活动设计，将学生当作接收器了。

3. "思维导图"在小学语文教学中的运用 >>>>>>>

思维导图又称脑图、心智地图等，是表达发散性思维的有效图形思维工具，它简单却又很有效，是一种实用性的思维工具。思维导图是有效的思维模式，应用于记忆、学习、思考等的思维"地图"。因此，运用思维导图开展小学语文教学，能有效促进学生的逻辑思维和抽象思维的发展。

(1)思维导图的特点

①思路清晰。思维导图最大的特点是能呈现一个人的思考过程，将纷乱的思绪有条理地展现出来，可以是并联，也可以是串联。知识的每个节点，每个走势都可以跃然纸上。这种树状结构与我们大脑处理事物的自然方式相吻合，所以方便记忆。

②主体鲜明。思维导图的主体在主干上，分支呈放射状。不管有多少分支，主体都只有一个，清晰明了，孰重孰轻一目了然。这样的高度组织形式使思维方式由枯燥的、单一的、局限的，变成了立体的、紧密的、清晰的、生动的。

③思维可视化。每个人的思维都不一样，因此对同一篇文章，每个人的看法、感受也就不同，同样每个人在阅读时遇到的困难也就不一样。思维导图正是将这种隐含的思维可视化。学生在绘制思维导图的过程中，会将自己的真实想法流露出来，他们的认知、思考都会以色彩、图形、文字或者符号的形式表现出来。

(2)思维导图在小学语文教学中的优势

① 思维导图能培养学生的抽象思维

学生在刚刚步入校园时，思维还停留在形象思维的层面上，对于一些较抽象和概念性较强的课文理解起来有一定难度，教师在课堂教学中往往要花费大量时间和精力，带领学生梳理文章的脉络。遇到一些人物关系复杂的文章就很难从整体上进行把握了。这时我们就可以借助思维导图可视化的特点，用图形、线条、符号将复杂的知识体系以导引图的方式清晰地表现出来。运用思维导图，教师能够将课文的主要结构和层次立体地展现在学生面前，帮助学生整体分析文章的结构和重点内容，学习作者的表现手法，有利于抽象思维的形成和发展。

② **思维导图能提高学生的自学能力**

由于思维导图是一种具有个性化的表达方式，每个人绘制的都不一样，带有自己的思考，这就有利于学生开展自主、探究学习。这一点在小学中、高年段的学习中尤为突出，教师可以引导学生围绕一篇课文、围绕一个单元或者围绕知识点开展思维导图的绘制，借此对所学的内容进行回顾、梳理，达到复习的目的。同时学生在不断绘制中，加深对所学知识的深入探究，逐渐摸索出学习方法，提高了自我学习的能力。

③ **思维导图能培养学生的创新思维**

思维导图是按照人脑的思维方式建立的，由一个点、一个主干出发引出若干个分支，这个过程是以联想和想象为基础不断发散的思维过程。利用思维导图的思考模式去指导学生学习文章，鼓励学生勇于呈现自己的想法，这样不断地引导和培养学生去分析课文，解决疑问，逐渐从读过渡到写，引导学生关注文章的表现手法，达到培养学生创新思维的目的。

(3)思维导图在小学语文教学中的应用

① **用于识字教学，发现认知规律**

识字是小学语文低年级教学的重点。记住一个字不难，难的是能通过一个字的识记摸索出规律，从而举一反三，学会更多的字。而思维导图就可以帮助学生归纳识字方法，如在教"家"这个字时，教师可出示思维导图(见图2-6)。

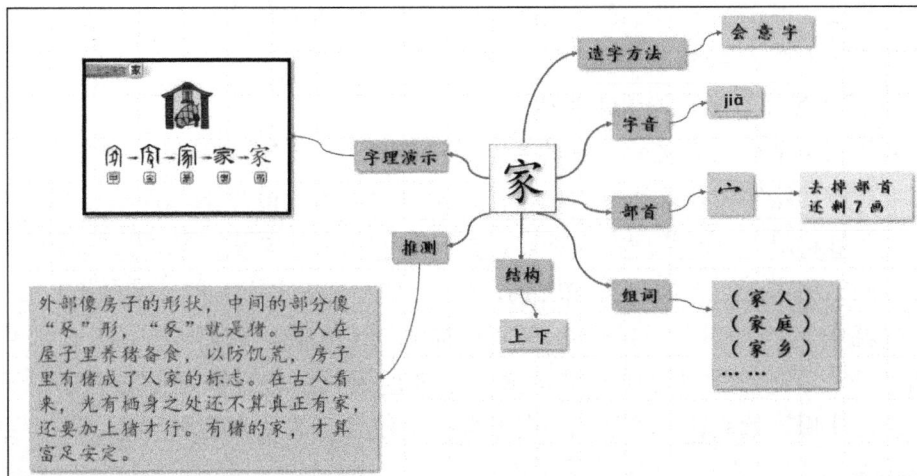

图 2-6 "家"字思维导图

然后带领学生学习这个汉字，在学生理解、运用后引导他们归纳，学习一个汉字需要了解这个字的字音、字形、部首、来历，会组词，再带领学生为其他汉字绘制这样的思维导图。这样就能够从一个字的学习延展到其他生字的学习，从中摸索规律，高效识字。

　　除了针对一个字的学习，到了中年级，还可以引导学生对整篇课文的生字分几个方面进行归纳：容易读错的生字、容易写错的生字、形近字、多音字、难以理解的字……通过这样的梳理，学生的思维清晰地呈现在导图中，有助于他们的逻辑思维发展。

　　② **用于阅读教学，提高理解能力**

　　思维导图在阅读教学中的运用是最广泛的，因为其思路清晰的特点，可以运用它帮助学生梳理文章的脉络，将文章的重要部分用提取关键词的方法绘制出思维导图，帮助学生更好地和文本"对话"。还可以运用思维导图帮助学生进行整本书的阅读，通过绘制人物关系图谱，绘制重要情节关系导图，使复杂的内容非常清晰、系统地凸显出来，帮助学生迅速把握整本书的主要内容，更好地理解作者表达的思想感情，实现和作者"对话"。

　　③ **用于古诗文教学，提升文学素养**

　　古诗文教学是小学语文教学的重要组成部分，但由于古今字义有所不同，古诗文理解起来有一定难度，因此有很多学生觉得生涩难懂。思维导图的出现可以帮助学生破解这一难点，因为思维导图不但可以发散，还可以集结。教师可组织学生就古诗文的各方面开展材料搜集，如诗人的生平、写作的背景、字词的含义、每句诗的意思……然后在课堂上进行汇报，再以拼图的方式组合成一个完整的思维导图，最后将各部分联系起来，从整体上再来理解这首古诗，这样就能更好地感悟诗人所表达的意思和情感了。

　　④ **用于习作教学，构建语言体系**

　　习作教学是小学语文教学中的难点，难在学生不知道如何选材，如何构思，而思维导图的绘制过程就是建构过程，它能帮助学生发散思维、理清思路、选择材料、巧妙构思，从而掌握作文规律，写出条理清晰的文章。教师在指导学生写作时，经常要求中心突出、主题明确，这个"中心""主题"就是思维导图的主干，而选材就是分支。利用思维导图绘制写作提纲较传统的提纲更加灵活，随时可以添加，可以用引导线将习作的结构联系起来，做到言之有物、言之有序就不难了。经常使用，就能够潜移默化地引导学生构建自己的语言运用体系，思维更加敏锐起来。

　　⑤ **用于整理复习，固化知识框架**

　　语文学习的连续性决定复习学习过的知识有助于新知识的学习，利用思维导图进行复习，能加强和巩固对已有知识的理解和记忆，系统地掌握知识，达到灵活运用的目的。这一点在期中、期末复习时更为突出，教师可引导学生对本学期的知识进行梳理，绘制"语文知识树，"把知识一个个串联起来。例如，围绕一个单元，把这个单元的知识要点进行细致筛选与归纳，既能从整体上把握单元知识，又能由此辐射开去进行再次巩固。还可以按照字、词、句、段、篇一级一级进行分类整理，用思维导图层层呈现出来。如果是对小学毕业年级采用这个方法，可以让学生从庞杂的语文知识当中抽离出来，以各知识要点为中心进行梳理，如句子的修辞方法运用、古诗的种类、记叙文的写法……这样做能充分挖掘学生的智力潜能，提升学生的思考技巧，使学生的语文学习能力得到全面提升，固化自己的知识框架。

　　思维导图在小学语文运用中好处特别多，但要注意引导，要教师绘制指导在前，由图到文，持之以恒，结合思维导图的层次性，指引学生深度学习，才能达到最佳效果。

利用极简教育技术转变小学语文授课模式

极简教育技术在小学语文教学中的运用，不仅仅是为一线教师的课前准备提供便利，为学生带来视觉上的享受，更重要的是改变"教"与"学"的模式。只有这样才能达到"融合"。要想做到这一点，可以从以下几方面入手。

1. 运用"动态课件"构建探究式识字教学模式 >>>>>>>

新课标中明确指出：识字写字是阅读与写作的基础，是小学语文第一学段的教学重点，也是贯穿整个义务教育阶段的教学重点。"人生聪明识字始"，怎样给学生打好识字写字的基础，是每一位语文教师必须落实好的一项教学任务。传统教学中常用的识字方法大概有以下几种：集中识字法、分散识字法、归类识字教学法、联想识字法、情趣识字法。多种识字方法，让识字教学更加灵活多变，但是学生对汉字本身的兴趣却并不高。对刚入学的学生来说，生字这些抽象的符号很难激发他们的学习兴趣，识记困难，书写更是无从下手。而随着多媒体进入校园，它有着资源丰富、呈现形式多样的特点，这正好能帮助我们开展识字教学的探究。

(1)运用信息技术，从字形入手，降低识字难度

儿童的身心特点决定他们对图形和色彩比较感兴趣，中国汉字也是由象形字起源的。教师可以运用信息技术帮助学生从具体的图案过渡到抽象的文字符号，例如，借助教学平台中的"字理演示"功能，播放从实物图到象形字，再到现代汉字的演变动画(见图2-7)。

再让学生说一说图画的意思，推演这个字的来历。多种感官参与识字的方法，由图到字，再应用的学习过程，符合小学生的认知规律。信息技术使原本抽象的生字变得具体，这样不但降低了识字难度，能让学生快速记住这个字的字形，还能帮助学生正确使用这个字。

(2)运用信息技术展示字的结构，区分形近字

汉字中有许多字的字形相近，意思却不同。形近字的区分一直是识字教学的

图 2-7　字理演示动画界面

难点，因为它们往往区别不大，对辨别能力不强的低年级学生来说较难区分。信息技术的大显身手能让这一难题迎刃而解，授课前教师可以将形近字的偏旁设置成另一种颜色，授课时先作偏旁的比较(见图 2-8)。

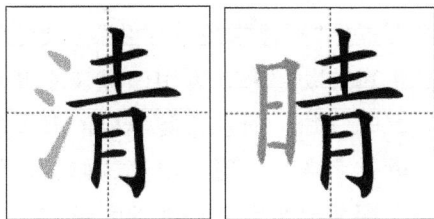

图 2-8　汉字偏旁颜色设置

　　还可以通过填空、连线、换偏旁、拖曳等游戏，让学生在玩中记住这些字，运用这些字，这种游戏化学习是学生最喜欢的。

　　(3)运用信息技术，演示笔顺，指导书写

　　汉字书写的指导是识字教学的重点。传统的教学方法是教师在黑板上示范书写，但存在以下不足：一是用粉笔示范和铅笔、钢笔书写在握笔姿势和运笔上都有差别；二是示范时由于身体遮挡造成盲区；三是只能示范一次，不利于学生模仿。这就使得汉字的书写指导成为教学难点，这些难题运用信息技术是可以化解的。运用信息技术演示汉字书写的笔顺，让学生跟着对空书写，可以帮助低年级学生掌握正确的书写顺序，为写规范字打下扎实的基础。教师可利用网络资源，在制作教学课件时插入书法指导微课，在指导学生书写时播放(见图 2-9)。

图 2-9　书写指导微课

清晰的书写过程，利于学生模仿，标准的汉字书写还避免了教师书写水平不一给学生造成的影响。课后学生还可以反复观看练习，这样提高了写字指导的实效。

(4)运用信息技术，构建探究式识字教学模式

近几年的教学改革都在提倡"把课堂还给学生"，要想做到这一点，就要转变教师和学生的角色，让学生真的动起来。运用信息技术开展探究式学习，就可以做到这一点。网络有着丰富的资源，随着智能黑板的普及，语文学科工具中都有电子字典，仅识字一项，就有字音、字形、组词、偏旁、结构、字理演示、自动书写等内容，这为学生自己探究学习生字提供了可能。

授课时，可以按照如下的教学流程：出示学习任务单—根据资源自学、小组交流、练习—全班交流、分享—游戏测试反馈—微课指导书写。其中，在进行全班交流的环节中，发挥电子字典的优势，可以创设"小老师"情境，让学生来讲授生字(见图 2-10)。

图 2-10　学生讲授汉字的画面

遇到问题时可调取字典中的资源进行解答，使课堂成为师生互动的良好平台。教师在课堂上主要起引导的作用，引导学生学会主动思考、质疑，寻找到识字的规律，悟出识字的方法。这种模式不但能激发学生的识字兴趣，还能发展学生的语言表达能力，大大地提高了课堂识字效率(详见微课 2-1)。

扫描二维码，观看微课 2-1

2. 运用"电子书包"开展批注式阅读教学 >>>>>>>>

　　小学阅读教学是语文教学中一个十分重要的环节，它是引导学生感悟语言、领会文章思想的重要手段。培养学生的阅读能力是小学语文教学的重要组成部分，拓宽多种阅读途径、倡导自主阅读是提高小学语文教学质量的关键。批注是一种常用的读书方法，阅读的时候把读书感想、疑难问题，随手批写在书中的空白地方，以帮助理解，深入思考。以前我们经常让学生在纸质书上进行批注，但这种方法没有办法统计，不利于期末复习。电子书包进入课堂正好解决了这一问题，于是我运用"东师理想学堂"平台中的批注阅读工具，在课堂中开展阅读教学。经过一段时间的应用，我发现这种方式可以培养学生的阅读能力。

(1)运用微课为学生批注"引路"

要想让学生爱批注，首先要学会运用批注符号进行批注。

① **运用微课，指导学生掌握批注符号**

在传统教学中，教师要反复讲授，带领学生练习，费时费力，效果还不好，于是我将批注符号的使用方法录制成微课。在微课中，首先列举了伟人是如何利用批注进行阅读的，从而让学生心生向往之情，燃起他们的批注之火。然后总结批注的特点，从批注的内容、方式、过程等角度去分析。我将制作完的微课上传到网络，制作成二维码后传到班级 QQ 群和微信群，这样学生在家读书时也可以用手机观看、操作。

② **运用微课，指导学生操作电子书包进行批注**

在学生掌握了批注符号，能自如地在纸质书上进行批注后，我开始引导他们使用电子书包中的工具进行批注。在"东师理想学堂"中专门有"批注式阅读工具"，里面使用的符号和在纸质书籍上使用的符号有所区别。因为这个工具有后台统计功能，所以有很多功能有二级链接。为了让学生迅速掌握平台中的批注工具，我同样是先制作了指导型微课，下发给他们，让他们对照练习，边批注边学习工具的使用。

（2）运用电子书包为学生批注"铺路"

工具再好也要为教学服务，因此在学生掌握了电子书包的操作后，我开始带领他们进行系统的练习。

① 出示学习任务单，运用电子书包自由批注

课上初读课文时，学生的想法、感受、疑问最多，涉及面也最广。由于学生年龄小，首先他们会遇到不认识的生字，不懂的词语。在读的过程中还会有自己喜欢的词语和句子，读后还有自己的感悟，这些都是学生感兴趣的内容。此时，学生不会关注教科书编者的"提示"，不会受到语文教师的"点拨"，自然也不会产生思维依赖或思维定式，人云亦云。让学生自由批注，还可以得到他们自主阅读、自由表达的反馈信息，以便及时调整原有的教学方案。为了让学生更好地批注，我在初读课文前就通过网络，向每个学生推送了"自主学习任务"，有三点。

一是，用批注方式，交流自己喜欢的句子，说说喜欢的原因（词语、修辞、情感、写作方法）。

二是，小组内练习、交流。

三是，小组展示课文内容。（有感情地朗读，分角色朗读或者表演）学生可根据任务进行阅读、批注。

② 小组交流，运用电子书包整理批注结果

如果说自由批注是学生的"孤芳自赏"、海阔天空，那么，小组成员之间的交流就显得十分必要。传统的批注方式，交流后只能在书上进行涂改，经过多次修改后书面就看不清了。现在有了电子书包，由于它具有可以反复进行修改保存的功能，因此就为小组交流整理提供了方便。在交流时，每个小组可以运用电子书包中的互动平台，建立一个讨论组。同组成员可以畅所欲言，确定本小组在全班交流的内容，然后由一名同学进行记录整理，再将结果发送给组内同学。学生批注时，教师还可以参与其中，尤其是关注学习自觉性较差的学生，督促其自觉阅读、思考及点评，提示他们可以围绕词语、句子、人物等方面进行评价、鉴赏，对其迸发的思想火花及时地予以鼓励表扬，增强其阅读的信心。对于学习自觉性较好的学生，引导其在深入文本上更进一步。这样，既关注了后进学生，也激发了先进学生的学习激情。

③ 全班展示，运用大屏幕交流批注结果

小组充分交流后，每组选派一名或几名代表进行交流。教师可以运用"推屏"功能将每组的批注结果推到大屏幕上，让全班学生都可以看到。小组代表可边看边说，降低了交流的难度。（播放教学片段）发表完自己的观点后，还倾听其他同学的见解，回答其他小组的质疑。教师可以有选择地用白板的笔迹功能将要点在大屏幕上进行圈画、补充、记录。还应根据学生汇报的情况，在二级页面添加精而简的梳理与点评，形成完整的点评成果。最后让学生运用电子书包，给自己的批注作适当的修改补充，完善批注的内容，还要记得提醒学生保存、上传到自己的空间。这样一学期下来，所有批注过的文章都可以随时查阅。

(3)运用大数据为学生的批注"续路"

在传统的教学中，教师在带领学生进行批注式阅读时最苦恼的就是无法了解每个学生批注的情况。有了电子书包，借助"东师理想学堂"这个平台，这一问题就可以很好地解决。首先教师在学生自主阅读时，就可以通过后台查看每个学生批阅的进度。在小组交流时可以申请进入各个小组的互动讨论组一起交流研讨。在全班展示前，教师还可以运用大数据统计功能，查看学生认为最难的生字、生词是哪个，学生最喜欢的句子是哪一句，学生点评最多的段落是哪一段，这样就可以进行有针对性的交流、讲解。到了期末，学生和教师都可以利用这个功能进行复习。教师可以从中挑选学生认为最难的字、词进行复习。学生则可以登录个人账户查看自己本学期认为最难的生字有哪些，最不理解的词语有哪些，这样使复习更有针对性，提高了效率。

3. 运用"微课"开展作文教学 >>>>>>>

写作能力是语文素养的集中体现。作文教学是小学语文教学的重要组成部分，也是小学语文教学的难点所在。根据调查，我们发现学生对作文有畏难心理，原因来自两个方面：一是没有内容可写，二是掌握的习作方法有限。怎样突破这些难点，化解学生习作中的畏难心理呢？信息技术给予了我们很多有效的方法。

(1)运用信息技术，为学生写作提供素材

"我口抒我心，我手写我感"是新课标对小学生作文的具体要求。让学生用手中的笔抒发内心真实的情感，描写真实的生活，让生活走进作文，让作文回归生活，这是每一个语文教师都应思考的问题。

① 运用信息技术，创设写作情境

基于核心素养的语文教学应从人的终身发展出发，为学生提供学习和运用语言的环境和机会。培养学生能根据具体语言情境和任务要求，在口头和书面语言表达中尝试着运用自己获得的言语活动经验，顺畅交流。信息技术的运用克服了传统作文教学的弊端，极大地增强了教学直观性，丰富了教学内容和教学方法，同时也为师生间的互动提供了技术支持，为学生的主动学习创设了一个信息丰富的环境。信息技术集文字、声音、图像、动画、影像于一体，把动物世界、人文景观、人物写真、风土人情等引入课堂，以其图像清晰，动态感强、信息量大的优势，最大限度地激发学生写作的积极性、主动性。通过课件，让学生如临其境，如见其人，如闻其声，使作文课趣味十足。例如，在教学写植物的作文时，教师可以找来大量的植物图片，让学生观察。还可以给学生观看关于植物发芽、长叶、开花的视频。这让生长在城市里，少有植物种植经验的学生有机会了解了植物的生长过程。一张张图片，一组组特写的镜头在学生的眼中徐徐展开，从他们惊奇的目光，叽叽喳喳的议论中，不难看出他们已经迫不及待地要进行描述了。

② **运用信息技术，引导学生学会观察**

传统的教学方法无法固定观察素材，所以指导学生观察成了写作的难点。小学生求知欲强，喜欢观察，但不注意细节，且容易受情绪影响，定性不足，对许多有价值的材料往往视而不见，充耳不闻。即使在指定的观察材料中，也往往是走马观花。根据学生的这一弱点，我将需要观察的材料制成课件，课堂上指导学生定向观察。例如，在教学写一种小动物时，因为平时很多学生缺乏接触机会，有些虽有接触也不曾留心观察。所以，为了让学生抓住小动物的形态特点、生活习性等展开写作，教学时，我用课件展示一些小动物的静态画面和活动情景，并配上文字说明，把有关小动物的信息整合到学生的认知结构中去，使观察形象鲜明，要点突出。如观察小猫时，首先，让学生明确观察目的和要求，指导学生按顺序观察，再以课件出示小猫图片，引导学生进行观察。在指导学生观察小猫的外形时，我用特写镜头把小猫的各个组成部分展示出来，引导学生按从头到尾、从整体到部分的顺序，一步一步地观察。接着，播放一段关于小猫吃食、玩耍、睡觉的视频，在学生观看后，引导学生将小猫的生活习性一一描述出来；同时，用课件提供一些妙词佳句丰富学生的语言积累。学生在不知不觉中学会了观察且有了这些素材，这就使写作的难度大大降低。

(2)运用信息技术，指导学生写作方法

传统的习作教学以教师的教授为主，学生依据教师的教授明确习作要求，再进行独立的习作。小学阶段学生学习能力有限，有的学生不能完全领悟习作要求，有的学生当时听明白了，可是记得不牢靠，回到家里写作时又忘记了。这就给学生的习作及教师的指导带来了很大的困扰。怎样解决这一问题呢？合理运用微课可以帮助我们化解这一难题。

微课是近年来兴起的一种教学方式，它有着画面丰富、可反复学习、随时观看等特点。每次我在教学作文时，都会在打开课件的同时，打开 Camtasia 9 录屏软件，将所讲授的关于作文教学的审题立意、谋篇布局、层次条理、素材选择、修改润色、佳作欣赏等各环节中的重点、难点，与文本、图片、视频、音频等结合起来制作成微课。然后把这些微课上传到网络，制成二维码后发到班级空间，方便学生回家后用家长手机观看。作文微课以其"短、小、精"，再现作文情境，给予学生自主选择的学习权利，丝丝缕缕渗透到学生作文的方方面面，拓宽学生作文的空间，让学生在作文中体会美好，创造美好，有效解决他们"不知道作文写什么""不知道怎么写作文"的难题。

(3)运用现代信息技术，提高作文点评效率

评改是学生作文训练的重要环节，它能帮助学生修改习作，进一步分析、运用写作材料。在传统教学方法中，课堂时间有限，因此点评范围窄；呈现方式单一，无法面向全体学生。应用现代信息技术，如幻灯投影、网络空间、同屏传输等，能把学生作文中出现的问题及时反映出来，以便优化作文评改。

① 运用投射技术，同步展示进行点评

上课时，教师可利用幻灯投影，将学生的作文投到大屏幕上，让全体学生针对一篇作文进行阅读点评。也可利用同屏技术，例如，用无线网络建立一个能连接教师手机和教学主机的网络热点，然后将学生的作文用手机拍摄下来，通过软件上传到班级主机上，然后进行点评。点评时可以随时在大屏幕上圈画修改，修改后的图片可以保留下来回传给学生，方便学生课后的进一步修改。

② 运用网络空间，进行个性化点评

对学生习作草稿进行个别辅导很重要，可教师只有一个，学生却有很多；另外，有时教师的意见也具有局限性，怎么办呢？运用网络空间，可以广泛听取大家的意见。每次习作时，我都鼓励学生将作文的电子稿上传到班级空间中，让大家一起来点评。学生打字慢的话，也可以将作文草稿朗读出来，让家长帮忙录制成视频，上传到班级空间中，让大家点评。教师还可以及时收集学生的典型习作，利用网络空间划分多个栏目进行个性化的点评和指导，如"美文推荐""佳句欣赏"。当学生修改完自己的作文时，我还鼓励他们再次朗读，上传视频，然后自己制作成二维码。我把这些二维码打印出来后，让他们贴在自己的作文本上。这样不但方便保留，还方便交流和展示。

使用极简教育技术进行小学语文课堂教学管理[①]

1. 运用"随机点名"让课堂评价更精准 >>>>>>>

当前，全球信息化浪潮汹涌而至，世界各国都把推进经济数字化作为实现创新发展的重要动能。教育正在经历一场前所未有的变革，随着教育信息化的发展，"数字化、网络化、可视化、智能化"的教学方式正在迅速得到发展。数据的搜集、整理变得方便快捷，教师可以依托互联网的优势来进行学生评价。

小学语文课堂教学中对学生的评价，一直是困扰教师的大问题，一直以来都存在着评价随机性、不可累计、不能照顾到全体等问题，运用信息技术可以完美破解这些难题。例如，在执教《荷花》这篇课文时，可以选择"随机点名"这样的小程序进行课堂提问，这样不但能确保每个学生都能获得均等的发言的机会，实现教育公平化，还能减少人为干扰，避免了教师只关注少数学生的问题；解决了传统课堂中，家长担心自己的孩子不发言或发言机会少的问题。通过"随机点名"可实现数据的同步传输，方便家长及时了解孩子的在校表现。教师可以用"随机点名"抽取学生指读生字，检查生字预习情况，完成好的同学为他点赞、加分，完成得不好的则在"待改进"中选择"作业没有及时完成"这一项。当教师发出评价时，家长的手机端"人人通空间"就会收到同步的数据，通过这些数据，家长就能得知孩子在课堂上的表现。坚持使用一个阶段，数据就会不断更新、积累。到了期末，教师可以依据数据，对表现好的学生予以奖励，对那些注意力容易分散的学生，则建议家长利用假期，带学生进行注意力专注度的相关训练。有了数据帮忙，让学生的评价更加科学，更加精准。

———

① 本部分为吉林省教育科学"十三五"规划 2020 年度一般课题《基于数字化学习环境下的中小学生态语文教学研究》(课题批准号为 GH20719)的研究成果之一。

2. 运用"屏幕录制"保留授课过程 >>>>>>>>

班级授课时一名教师要面对数十名学生，学生的接受能力不同，难以保证所有的学生都能听懂。有时，学生生病不能到校听课，在传统教学中，多是通过家长辅导加教师电话答疑解决这样的问题，但和参与面对面授课的效果仍有一定差距。运用教育技术可以巧妙地解决这个问题，最简单的就是使用授课平台中的"屏幕录制"功能将教师授课过程录制下来，在一个平台上传、保存后，方便学生课后再次观看。在各省的资源服务平台中都有一个名叫"智慧课堂"的应用，可以安装在班级电脑中，授课时打开，点击录制，就可以使用。录好的课程，家长可以用手机端"人人通空间"进行观看。如果教师有需要还可以点击下载，保存到电脑中。

3. 运用"同屏传输"进行学习成果展示与点评 >>>>>>>>

小学语文课堂教学时，有时需要将学生的学习成果展示出来让其他同学评价，如生字书写，教师可以用手机拍照，然后通过"同屏传输"功能，将照片飞传到大屏幕上展示出来。最常用的授课平台"智慧课堂""教学助手""教师助手""希沃授课助手"都有这个功能。以"希沃授课助手"为例，可在电脑上百度搜索、下载"希沃授课助手"，如果主要用于播放 PPT，最好是在电脑中下载安装希沃白板。然后用手机扫描电脑中"希沃授课助手"的"二维码"安装"希沃授课助手"手机客户端。需要注意的是希沃授课助手是利用无线网络进行连接的，因此需要电脑和手机均在同一个无线网络中。目前很多城市学校已经实现了无线通信全覆盖，所以，只要将手机和电脑都连入同一无线网络环境即可。如果没有现成的无线局域网，则需要借助无线路由器构建一个虚拟无线局域网。教师还可以用手机移动数据作为热点，构建一个小型的无线局域网，在电脑中打开软件后，启动热点，再打开手机"希沃授课助手"客户端，进行扫描连接，即可将手机与电脑的希沃授课助手成功对接，扫码成功就可以开始使用。"希沃授课助手"手机客户端打开后，在屏幕下部出现屏幕同步、文件上传、触摸板。点击屏幕同步，出现电脑桌面同步和手机屏幕同步，点击电脑桌面同步是在手机上操作电脑，点击手机屏幕同步是把手机中文件内容操作同步到电脑屏幕上，若手机联网，则可及时将网络内容同步到电脑屏幕上。上课时，教师先将手机和电脑连接起来，然后在需要的时候进行拍照。用这种方法还方便进行学生的习作点评，边点评、边圈画、边修改，然后截图保存，再通过班级空间返还给学生，方便学生课后修改自己的习作。

总之，恰当地运用信息技术与小学语文课堂教学融合可以改变传统语文教学的样态，使教学活动的内容更加丰富，方法更多样，形式更灵活。在众多的教育技术中，选择简单好用的技术服务于教学，不仅可以为小学语文教学提质增效，还可以有效地促进学生语文素养的全面提升！

五

课堂教学案例

扫描二维码，下载部分案例课件及使用指导

1.《z c s》拼音教学案例　>>>>>>>

表 2-1 　《z c s》教案

版　本	统编版小学语文一年级	
教学设计	长春市台北明珠学校 窦继红	
课　题	《z c s》	
教 学目 标	1. 学会 z、c、s 3 个声母，读准音，认清形，正确书写。 2. 能准确拼读 z、c、s 与单韵母组成的音节。 3. 学会 zi、ci、si 3 个整体认读音节，会读它们的四声。	
重　点难　点	学会 z、c、s 3 个声母和 zi、ci、si 3 个整体认读音节，读准音，认清形。 能准确拼读 z、c、s 与单韵母组成的音节。	
教学准备	多媒体课件。	
课时安排	一课时。	
教 学设 计	**教学过程**	**课件使用**
	一、创设情境，导入新课 1. 教师带领学生复习学过的声母和韵母。 2. 创设情境，引出新课：完成任务的小朋友才有机会进入动物学校来学习，看看都有谁来了？	测试游戏。

教学过程	课件使用
3. 出示 z、c、s, 揭示教学内容: 这就是我们今天要邀请的三位拼音宝宝, 在邀请它们之前我们先来认识一下它们。 二、运用拼音学堂, 学习声母及整体认读音节 (一)学习声母 z 和整体认读音节 zi 1. 过渡: 现在, 我们就出发, 去结识我们的新朋友吧。 2. 学习声母 z。 (1)引导学生观察, 这是什么地方? 谁在做什么? (2)教师出示 z, 引导学生发现 z 就是今天要邀请的第一个声母宝宝。引导学生借助"写字"的"字"试着认读声母 z。学生试读。 (3)教师讲解发音要领: 把"写字"的"字"读得轻一些、短一些就是声母 z 的读音。 (4)教师范读 z, 学生观察教师发音的口形。 (5)学生练读 z, 体会发音要领。 (6)引导学生展开想象, 联系插图, 想办法记住声母 z 的样子。 (7)引导学生读儿歌: 我会写字 z z z, 像个 2 字 z z z。 3. 学习整体认读音节 zi。 (1)过渡: 同学们真了不起。认识了声母 z, 就可以邀请它去参加小 i 的生日会了, 小 i 特别高兴, 马上走过来和声母 z 跳起了舞, 瞧。它们组成了一个音节, 这个音节不能拼读, 只能整体认读。(出示整体认读音节 zi)这样的音节叫整体认读音节。 (2)教师示范对比朗读声母 z 和整体认读音节 zi, 学生认真倾听, 找出差别(声母 z 读得轻而短, 整体认读音节 zi 读得长而响亮)。 (3)学生练习认读整体认读音节 zi, 自由读, 指名读, 齐读。 (4)引导学生认读带声调的整体认读音节 zī、zí、zǐ、zì。小组内练读, 指名领读。 4. 指导书写声母 z。 (1)过渡: 跳了这么久的舞, 声母 z 都累了, 它要回家休息了, 你知道它的家在哪儿吗? 生(预设): 四线格。 (2)引导学生观察 z 在四线格中的位置, 教师范写, 学生书写。	点击课件中相应的图片就出现对应的声母。 课件出示文中的插图。 点击课件中的"拼音学堂"学习"z"。 点击课件中的"拼音学堂"学习"zi"。 点击课件里的朗读示范, 对比拼读。 播放课件中的书写指导视频。

左侧栏: 教学设计

	教学过程	课件使用
教 学 设 计	(3)学生在书上描红。 (4)在四线格中书写。 (二)知识迁移，学习声母 c 及整体认读音节 ci 1. 过渡：我们已经顺利地邀请到第一个拼音宝宝了，现在我们要去找另外两个拼音宝宝了。它们也藏在这幅图中，你们能找到它们吗？ 2. 学习 c 的发音。 (1)教师出示 c 的卡片：仔细看图，你能在图中找到这个字母吗？ (2)教师讲解发音要领：把"刺猬"的"刺"的一声读得轻一些、短一些就是声母 c 的读音。 (3)教师范读 c，学生观察教师口形。 (4)学生自由练读 c，体会发音要领。当小老师领读声母 c。 3. 记住声母 c 的形。 (1)引导学生想办法记住声母 c 的样子。 (2)引导学生编儿歌：小小刺猬 c c c，半个圆圈 c c c。 4. 学习整体认读音节 ci。 (1)过渡：顺利地邀请到声母 c，小 i 又来和声母 c 跳舞了，它们组成整体认读音节 ci。 (2)引导学生读整体认读音节 ci。 (3)引导学生认读带调的整体认读音节 cī、cí、cǐ、cì。小组内练读，指名领读。 5. 指导书写声母 c。 (三)运用规律，小组合作学习声母 s 及整体认读音节 si 1. 出示声母 s 的卡片。 过渡：最后一个声母宝宝，你找到了吗？ 2. 引导学生小组合作，运用学习前边两个声母的方法和步骤自学声母 s 的发音。 自学提示： (1)找出图中与声母 s 形状相似的部分。说一说，图中蚕宝宝在干什么。 (2)借助"吐丝"的"丝"的音试着读声母 s。 3. 学生汇报，指名认读声母 s。教师纠正发音。 4. 引导学生在小组内想办法记住声母 s 的形，然后派代表交流。	打开课件中的"拼音学堂"学习"c"。 打开课件中的"拼音学堂"学习"ci"。 播放课件中的书写指导视频。 点击课件中相应的图片。 点击课件里的朗读示范。

	教学过程	课件使用
教 学 设 计	5. 引导学生小组内学习整体认读音节 si。 (1)学生在小组内认读整体认读音节 si，教师巡视，纠正发音。 (2)引导学生小组内认读带调的整体认读音节 sī、sí、sǐ、sì。 (3)指名领读。 6. 指导书写声母 s。 设计意图：将汉语拼音的教学与说话、看图、情境创设、朗读儿歌紧密结合起来，化抽象为形象，使学生的学习由被动到主动，激发学生的学习兴趣，使学生的记忆更加深刻。 三、快乐游戏，巩固认读声母和游戏拼读 1. 游戏：比谁的反应快。 2. 游戏：大轮盘。	运用课件中的"拼读练习"检查拼读情况。 播放课件中的书写指导视频。
教 学 反 思	一年级的学生刚刚入学不久，他们的注意力持续时间短。抽象的汉语拼音对于善于直观形象思维的一年级新生来说更是单调。从汉语拼音本身的特点和低年级学生的年龄特点考虑，本课设计体现课改新理念，为学生呈现一个生动、活泼、自主、创新的课堂。我力争做到以下三点： 1. 创设故事情境，学习汉语拼音。 我为学生创设了一个故事情境，学生在这个情境中轻松、快乐地认读声母，拼读音节，识记生字，学习儿歌，学生的兴趣浓厚，情绪饱满，学习热情高涨。 2. 巧用游戏活动，巩固汉语拼音。 在教学中，我将一次次复习巩固巧妙地融入游戏活动中，如"比谁的反应快""打气球""大轮盘"。学生在游戏过程中玩得开心，学得开心，兴趣盎然，他们的学习态度和学习情感都得到升华。 3. 创编儿歌，记忆汉语拼音。 在我的引导与鼓励下，学生联系声母的音形和图画，创编了记忆声母的歌诀，既轻松地学习了声母 z、c、s 和整体认读 zi、ci、si，同时又调动了学习兴趣，培养了创新意识，收到了很好的教学效果。	

2.《小青蛙》识字教学案例 >>>>>>>

表 2-2 《小青蛙》教案

版 本	统编版小学语文一年级下册	
教学设计	长春市台北明珠学校 窦继红	
课 题	《小青蛙》	
教学目标	1. 会认清、晴、眼等生字，能正确、规范地书写青、清、气等生字，认识部首"疒"。 2. 掌握独体字加上偏旁组成新字的识字规律，领悟偏旁表义的特点，培养学生自主识字的兴趣。 3. 懂得青蛙是人类的好朋友，树立"保护动物，人人有责"的意识。	
重 点 难 点	识字、写字，掌握独体字加上偏旁组成新字的识字规律。	
	领悟偏旁表义的特点，激发学生自主识字的兴趣。	
教学准备	多媒体课件。	
课时安排	一课时。	
教学设计	教学过程	课件使用
	一、激发兴趣，导入新课 1. 猜谜语：阔嘴巴，叫呱呱，游泳、跳高本领大，不吃米，不啃瓜，专吃害虫为农家。（打一动物） 2. 今天我们就来学习儿歌《小青蛙》，请同学们齐读课题。	出示图片。
	二、初读课文，整体感知 1. 示范朗诵，听准字音。 2. 自由练读，读准字音。 3. 指名朗读，画出生字。	播放朗诵视频。
	三、学习"青"字家族的字 1. 出示所有生字，找出和"青"有关的字。 青、清、晴、睛、情、请。 2. 读准字音。 (1)生字和拼音连线。 (2)指名读准字音。 3. 认识"青"字家族。 连一连，并介绍自己连成的字。 学情预设：三点水连青，我是清，清水的清，所以我是三点水。	运用软件的拖拽功能，进行生字组合。 生字和拼音连线。 偏旁连"青"字，组合成新的生字拖曳组成词语。

	教学过程	课件使用
教 学 设 计	4. 组词。 清水、晴天、眼睛、事情、请求。 5. 生字的运用。 小青蛙住在(　　　　)的河水里，长着一对大 (　　　　)，专门吃害虫，保护庄稼。小青蛙是我们的好朋友，(　　)你爱护它。 6. 说一说，怎么记住这些字。 四、认识其他生字 1. 出示其他生字。 2. 结合偏旁识记字形。 例如，眼、保、护、病(病字框)。 3. 组词，识记生字。 例如，害怕、让座、生气。 4. 猜字谜识字。 一个扁扁口， 横山出了头， 最后是竖钩。 五、指导书写 六、边拍手边读儿歌	出示填空题。 课件出示其他生字。 出示书写指导视频。
教 学 反 思	《小青蛙》是统编版小学语文一年级下册第一单元教学内容，它通过一首儿歌来进行"青"字家族识字，语言优美、极富童趣，有利于启迪学生的智慧、激发学生的想象。课文中"清、情、请、晴、睛"都是由共同的母体字"青"作为声旁的形声字，充分展示了形声字声旁表音、形旁表义的构字规律。我力争做到： 1. 字谜导入法。在执教时，通过猜谜语的形式导入课文，调动学生学习的积极性，吸引学生的注意力。 2. 游戏化学习。运用信息技术，设计了多款游戏，采用多种方法引导学生识记"青"字家族的生字。通过游戏检测学生生字掌握情况，更有效地调动了学生识字的主动性，体现了汉字的趣味性，有利于培养学生学习汉字的兴趣。 3. 贴近生活实际。本课另一个特点是贴近学生的生活实际，以学生的活动作为教学重点，以情感为基础，以识字为主线，让学生自主发展，主动探究，增强合作意识。 4. 多种识字方法。本课采用归类识字、组词识字、随文识字等多种方法使学生感受识字的乐趣，力求使每位学生都喜欢识字，能主动识字，激发学生学习语文的兴趣。	

3.《小池》古诗教学案例 ＞＞＞＞＞＞＞

表 2-3 《小池》教案

版 本	统编版小学语文一年级下册	
教学设计	长春市朝阳区安民街小学 郑丽丽	
课 题	《小池》	
教 学目 标	1. 正确读记首、采等 7 个生字，理解惜、露、树阴、晴、柔在诗中的意思。 2. 能正确、流利、有感情地诵读古诗。 3. 理解《小池》的内容，感受诗中美丽的意境。	
重 点	初步理解诗句的大致意思，加深对字词的识记。	
难 点	在诵读古诗中，感受大自然的美丽并积累课外诗句。	
教学准备	1. 用"东师理想"学科平台制作课件。 2. 生字卡片。 3. 吉林省教育资源公共服务平台。	
课时安排	一课时。	
	教学过程	课件使用
教 学 设 计	一、温故知新，导读揭题 1. 同学们，我们之前学过一首古诗《池上》，谁还记得？指名背出。这首诗主要写了什么？在池塘里小孩偷采莲花的事情。今天我们再来学习一首和小池塘有关的古诗，题目叫《小池》，板书题目。 2. 介绍作者：这首诗是唐朝的杨万里写的。 二、指导看图，初读课文 1. 同学们，小池指的是小荷花池，也叫小荷塘。那么你们想象一下夏日的小荷塘都会有什么美丽的景象呢？学生自由想象并用语言描绘。 2. 我们一起看看屏幕，课文里的小池塘里都有什么？说一说图上画了什么景物。试着夸一夸荷花池的美丽景色。那么诗人是怎么描写这么美的小池的呢？大家自己去读读吧。不认识的字，请拼音朋友帮帮忙。 3. 学生自由读诗，小组交流，学习生字。 4. 检查自读情况。 (1)出示生字：泉、流、无、树、爱、柔、荷、露、尖、角。	出示古诗。 出示作者资料。 课件出示小荷塘画面。 出示生字。

	教学过程	课件使用
教 学 设 计	正音：柔、露、尖、角。 正形：字理演示泉、角。 识记方法如下。 1＋1：树、柔、荷、露、尖。 组词法：泉水、细流、无声、喜爱、柔软、荷叶、露出、角落。 (2)齐读全诗，教师正音。 (3) 指名读全诗，划分停顿。 诗就像歌一样有节奏，这首诗怎么划分节奏？ 泉眼/无声/惜/细流， 树阴/照水/爱/晴柔。 小荷/才露/尖尖角， 早有/蜻蜓/立上头。 三、指导朗读，体会诗意 1. 指名读全诗，想想这首诗写了哪些景物。 泉眼、树阴、小荷、蜻蜓。 2. 诗人是怎样写泉眼的？ 泉眼无声惜细流。 (1)提出不懂的词语。惜：爱惜，舍不得。 (2)指导读出舍不得的语气。 (3)学生自由练读。 (4)指名读。 3.作者又是怎样写树阴的呢？ 树阴照水爱晴柔。 (1)质疑。爱晴柔：喜欢晴天里柔和的风光。 (2)学生练读。 4. 小结：这两行诗写了小池周围的景物——泉眼和树阴。作者把泉眼和树阴写得像人一样懂得感情，其实是融进了作者自己的感情，知不知道表达了作者什么感情？（喜爱） 请同学们把两行诗连起来读一读，读出舍不得和喜爱的语气。 5. 作者又是怎样写"小荷"和"蜻蜓"的呢？ (1)释疑。露：露出。立：站立，飞落。 (2)学生练读。 夏天刚来，她就从池里探出头了，尖尖的、卷卷的，小蜻蜓就停在上头。池塘里就这一只蜻蜓吗？看——	出示停顿。 出示诗句。 出示诗句。

教学设计	教学过程	课件使用
	(3)句式练习。 小蜻蜓飞来了,有的_____;有的_____;有的_____。 小结:来了这么多可爱的小蜻蜓,池塘一下子热闹起来了。 过渡:娇嫩的小荷姐姐碰上这群活泼的小蜻蜓,你会怎么读这两行诗句? (4)拓展谈话。 这会儿,小蜻蜓立在上头,跟小荷姐姐在干什么呢? 可能在说悄悄话:说什么呢?悄悄告诉我——他多信任小荷姐姐,正说着悄悄话儿呢!(小荷才露尖尖角,早有——)他俩多亲近呀! 可能在打招呼:来,跟小荷姐姐我打打招呼——不够热情,我不理你了。真够热情的!(小荷才露尖尖角,早有——)他俩多亲热呀! 可能在唱歌:一早就给姐姐带来好听的歌,多友好呀!(小荷才露尖尖角,早有——) 可能在休息:飞累了吧,在我这休息舒服吗?那就多歇一会儿!他俩多亲密! 过渡:他们亲密地说着聊着,给宁静的小池带来了热闹,带来了生机。小池虽小,却处处充满生机,充满乐趣—— (5)诗歌带上旋律更美,更动听,和着乐曲声,咱们再读。 (6)现在闭上眼睛,你能想起诗中美丽的画面吗?来,看着板书的提示,咱们有滋有味地背一背。 **四、余味延伸,积累巩固** 被誉为"南宋四大家"的杨万里一生中作诗两万多首。他不但带领我们欣赏了小池宁静,感受了小池的趣味,让我们记住了那棵害羞尖角的小荷。他还写过—— 晓出净慈寺送林子方 [宋]杨万里 毕竟西湖六月中, 风光不与四时同。 接天莲叶无穷碧, 映日荷花别样红。 总结:美丽的夏日荷塘,让我们记住了杨万里的《小池》,也领略了《晓出净慈寺送林子方》。孩子们,夏日荷塘还留下了哪些名诗名句呢?回去上网好好找找!可以请爸爸妈妈帮忙补充在课文里!	出示句式。 播放视频。 播放古筝曲。 播放古筝曲。 出示古诗。

板书设计	小池 泉眼　（惜）　细流 树阴　（爱）　水 小荷　（喜欢）蜻蜓
教学反思	古诗《小池》语言优美，诗人笔下的泉水、小荷、蜻蜓安静、祥和、令人向往。但是，如何让一年级的学生感受到这种意境，有一定难度。因此我在上课伊始，就出示了池塘的画面，将学生带入这个情境之中。当学生对课文内容有所了解时，我又播放了小池的视频，让学生的情感体验有所升华。紧接着，又用古筝曲配乐的方式，适时地将情感体验化为感情朗读，一切信息技术手段的使用都恰到好处，起到完美融合的效果。

4.《爬天都峰》阅读教学案例 　＞＞＞＞＞＞＞＞

表 2-4　《爬天都峰》教案

版　本	统编版小学语文四年级
教学设计	长春市台北明珠学校 刘思铭
课　题	《爬天都峰》
教学目标	了解作者是怎么把事情写清楚的，学会把事情写清楚。
	把握课文主要内容，体会我和"老爷爷"在相互鼓舞下，坚定信心、战胜困难，爬上天都峰。
重点	1. 通过分析人物之间的对话，让学生了解这一老一小能爬上又高又陡的天都峰，是因为他们从对方身上汲取力量，由此深入地理解他们不怕困难、奋发向上的品格。 2. 抓住重点词句，引导学生自主学习。
难点	学会善于从别人身上汲取力量，培养从小不怕困难、奋发向上的品格。
教学准备	1. 多媒体课件。 2. 生字卡片。
课时安排	一课时(为此课文的第二课时)。

	教学过程	课件使用
教 学 设 计	一、复习旧知，导入新课 1. 导语：这节课我们继续学习《爬天都峰》这篇课文。看，这就是天都峰，谁能说一说，天都峰给你留下了怎样的印象？ 学情预设：高、险。 2. 复习词语：要想爬上这座山峰，首先要做好准备，下面我们就先来准备登山的物品吧，只要你们读准这些字音，就能获得这些登山装备。 词语：假日、抬头、云彩、石级、发颤、年纪、奋力、猴子、鲫鱼、纪念、辫子、笑呵呵、鼓舞、居然。 3. 复习写作顺序：物资准备充足了，但若想顺利登山，还要知道路线，这篇课文的写作顺序就是我们今天的路线图，谁知道？ 学情预设：起因(爬山前)—经过(爬山过程)—结果(爬到峰顶)。 教师根据学生汇报绘制板书。 图 a　板书一 二、整体感知，学习新知 (一)初步感知爬山前 1. 导语：同学们，一切准备就绪，下面我们一起来爬山吧。 2. 出示第一自然段，从这段文字中你获得了哪些信息？ 学情预设：时间、地点、人物、事件。	出示课件。 课件：出示生字卡片——正面是词语，背面是水壶、食物等登山要用的物品。 课件出示重点语句。

教学过程	课件使用

教师板书：

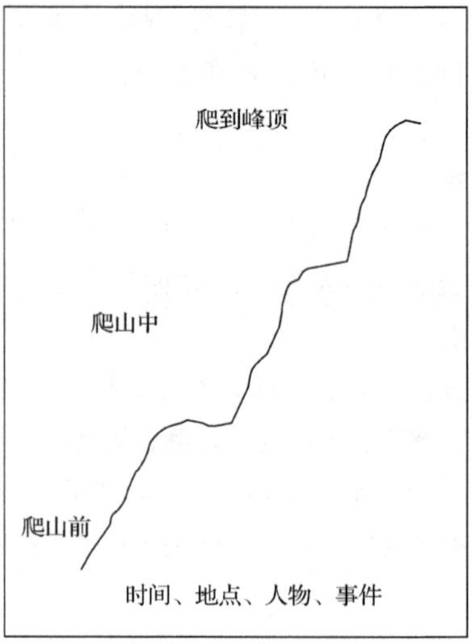

图 b   板书二

3. 感受爬山前的心情。

(1)提问：站在山脚下"我"心里是怎么想的呢？快速在课文第二自然段中找一找。

我站在天都峰脚下抬头望：啊，峰顶这么高，在云彩上面哩！我爬得上去吗？再看看笔陡的石级，石级边上的铁链，似乎是从天上挂下来的，真叫人发颤！

学情预设："笔陡"写出了天都峰又高又陡的特点。

学情预设：一个"挂"字，准确、形象、巧妙地将"陡"体现了出来。

(2)面对这样又高又陡的天都峰让你有怎样的感受？

学情预设："真叫人发颤"可以看出我在害怕。

学情预设：这样险峻峭拔的天都峰，不要说攀登了，看了都会使人心里发颤，令"我"望而生畏；此时的"我"是缺乏自信的，产生了畏惧退缩的心理。

(3)指导朗读：从这句话中我们感受到了害怕、胆怯、不想爬，那我们应该用怎样的语气来读呢？

(4)小结：在写一件事情时，可以写出自己的心理感受，写出自己遇到的困难，这样也能把事情写清楚。

4. 演一演：正当我犹豫不决的时候，我忽然听到背后有人叫我……

(1)创设情境：这是一个怎样的老爷爷？（白发苍苍）

课件出示老爷爷和"我"的图片。
课件出示对话。

左栏竖排：教学设计

教学过程	课件使用
"我"是一个怎样的形象？（"我"是一个小朋友） （2）快速浏览课文，用直线画出他们之间的对话。 忽然听到背后有人叫我："小朋友，你也来爬天都峰？" 我点点头，仰起脸，问："老爷爷，您也来爬天都峰？" 老爷爷也点点头，说："对，咱们一起爬吧！" （3）指导表演：请两名同学分别扮演老爷爷和"我"，朗读他们的对话，在读的过程中可以加上他们的动作。 （4）提问：从他们的对话中你感受到什么？ 学情预设：他们所说的话中都有一个"也"字，表面上似乎双方都有怀疑，实际上是互相羡慕、敬佩。 学情预设："我"本来不想爬山，但看到老爷爷都那么大岁数了，还来爬山，就不好意思退缩了。 5. 小结：作者在这段语言描写前还加上了人物的动作，今后我们也可以运用这种写法，让自己的人物描写更加生动、具体。 （二）深入了解爬山过程 1. 提出要求：听了老爷爷的话"我"下定决心爬山，请快速浏览课文，找出"我"如何爬山的句子。圈画出关键词，并说一说感受。 我奋力向峰顶爬去，一会儿攀着铁链上，一会儿手脚并用向上爬，像小猴子一样…… 学情预设：通过动词"爬、攀、爬"我感受到，小作者爬山很不容易。 学情预设：通过"一会儿……一会儿……"我知道爬这座山要手脚并用，说明山真的很陡。 学情预设：通过"奋力"我知道爬这座山要使出全身的力气，很不容易。 2. 指导朗读：那就让我们一起大声读课文，为小作者加油，和他一起努力爬上这座山峰吧！ 3. 指导想象：省略号在这里省略了什么？ 引言：爬着爬着，我一不小心…… 学情预设：爬着爬着，我一不小心跌了一跤，膝盖蹭破了皮，疼得我直想哭，可是看到老爷爷仍然在爬山，我就忍住疼，继续往上爬。 3. 指导仿写：课文里没写老爷爷怎样爬山，我们能仿照课文的样子也来写一写吗？	课件出示重点句。

（左侧合并单元格）教学设计

教学过程	课件使用
提供句式：老爷爷……向峰顶爬去……一会儿……一会儿…… 学情预设：老爷爷吃力地向峰顶爬去，他一会儿拽着铁链慢慢地向前移动，一会蹲在斜坡上小心向上攀爬，就像壁虎一样。 4. 小结：作者在这一段的描写中，抓住了人物的动作，使爬山画面仿佛就在眼前，给了我们无限的想象空间。看来加入动作描写，事件写得更加清楚。 (三)品味爬到峰顶的收获 1. 感受景色之美。 (1)导语：无限风光在险峰，看，来到了山顶之后我们看到了怎样的风光？ (2)小练习：用自己的话说一说你都看到了怎样的景色。 学情预设：站在山顶远眺，连绵起伏的群山尽在脚下。白云环绕着山，为山笼着一层轻纱，就像一幅水墨画，这真是"会当凌绝顶，一览众山小"。 2. 体会喜悦心情。 情景创设：我们跟小作者一起，历经千辛万苦，终于爬到了天都峰顶，看到了这么美丽的景色，你们的心情是怎样的？让我为你们也拍个照吧！ 学情预设：高兴、喜悦、激动。 3. 品味登山收获。 (1)带着这种喜悦的心情，我和老爷爷又说了什么呢？ 老爷爷拉拉我的小辫子，笑呵呵地说："谢谢你啦，小朋友。要不是你的勇气鼓舞我，我还下不了决心哩！现在居然爬上来了！" "不，老爷爷，我是看您也要爬天都峰，才有勇气向上爬的！我应该谢谢您！" (2)指导朗读：读一读他们之间的对话，你有哪些体会？ 学情预设：两个人的话中都有"勇气"一词。 学情预设：他们相互鼓励，才爬到山顶。 (3)小结：看来一个人只要有决心，有勇气，再大的困难也可以克服。 (4)引读：所以爸爸才说——(学生齐读) "你们这一老一小真有意思，都会从别人身上汲取力量！" (5)结合爸爸的话，谈谈你此时的感受。 学情预设：爬上天都峰对老人和小朋友来说，都是很难的事情，但是他们做到了。 学情预设：他们成功的原因是勇于克服困难。	播放天都峰视频。 出示鲫鱼背图片。 课件出示第二段对话。

教学设计

教学过程	课件使用
学情预设：他们都能从他人身上汲取力量，善于向他人学习。 4. 小结：课文用爸爸的话点明了这篇课文给人的启示，这正是本文要表达的主题。在写事件时，可以点明自己爬山的感受，使读者也深受启发。通过爸爸的话我们也知道了在人与人相处中，要互相学习，互相鼓励，共同进步。 教师修改板书： 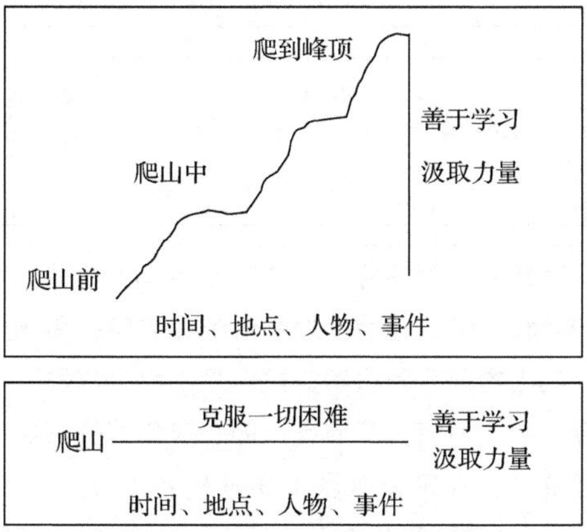 图 c　板书三 三、回顾全文 1. 从我开始不敢爬山，到我最后爬上去了，靠的是什么？ 学情预设：是我和老爷爷的相互鼓励。 2. 作者详细写了爬山前和爬山后的对话，而没有去写我们自己想象的爬到山顶后的美丽景色，为什么呢？ 学情预设：是因为作者想告诉我们，一个人只要有决心有勇气，坚持做就会成功。而爬到山顶后的景色和文章的主题不符，所以不写。 3. 总结全文：想要把一件事写清楚，要按照一定的顺序，选择最能突出主题的素材，抓住细节，语言，动作，心理活动。	

（左侧纵排：教学设计）

板书设计	
教学反思	在教学过程中，我抓住天都峰的"高"和"陡"这两个特点，让学生找出相应句子，理解天都峰的"高"和"陡"，让学生理解天都峰的"高"和"陡"，要爬天都峰的艰难和不易。接着以爬山的前后为线索，找出爬山前"我"的所思所想、爬山中"我"和老爷爷艰难攀登、爬山后"我们"的喜悦的心情的有关词语、句子，引导学生进行理解体会。在理解中，我紧紧抓住小女孩和老爷爷爬山时的动作词。如"奋力""一会儿……一会儿""爬呀爬""终于"等词语，从中体会到爬山的艰难。又从小女孩和老爷爷的两次对话中，抓住"居然""也要……才……"这些词语来理解体会小女孩和老爷爷能从对方身上"汲取"力量的精神，运用板书，突出了只要有勇气，就能克服万难这一主题，突破了教学难点。

5.《伯牙鼓琴》文言文教学案例 >>>>>>>

表 2-5 《伯牙鼓琴》教案

版　　本	统编版小学语文六年级
教学设计	长春市第一零三中学小学部 王爽
课　　题	《伯牙鼓琴》
教学目标	朗读和背诵课文。
	能根据注释和课外资料理解词句意思，能用自己的话讲这个故事。
	积累中华经典诗文，感受朋友间真挚的友情。
教学重点	引导学生凭借注释和工具书读通、读懂内容，在此基础上记诵积累。
教学难点	引导学生体会伯牙、子期之间真挚的友情。

教学准备	多媒体课件。	
课时安排	一课时。	
	教学过程	课件使用
教 学 设 计	一、初识文言文 1. 谈话法导入。 师：平时我们同学都很喜欢读书，你们都喜欢读什么类的书呢？ 学情预设：小说、童话故事、侦探小说…… 师：有没有人喜欢读文言文？为什么？ 学情预设：没有，因为太难理解意思，因为很多字都不认识。因为读不懂。 师：其实我们现在看到的文章也叫白话文，它起源于唐代的变文，直到五四运动以后，才被人们普遍应用。如果你想了解中华民族源远流长的历史和历史上发生的那些文人趣事，就要学会阅读文言文。今天我们就以《伯牙鼓琴》为例，来研究一下应该如何阅读文言文。 2. 播放微课"如何阅读文言文"。 二、读通课文 1. 第一遍读。 师：下面就让我们按照视频中的方法，来试着读一读这篇文言文，遇到不认识的字圈画出来。 学生自由读完后指名读全文，着重：善哉。 2. 第二遍读。 师：这些字我们会读了，让我们再一次读课文，注意要读得通顺。 师：在读这篇文言文时我们还遇到哪些困难？ 生：很难读，不好断句。 师：那么如何读好文言文呢？ 生：要注意停顿。 3. 第三遍读。 师：尝试划分停顿，读一读。（指导朗读，注意读出节奏来） 伯牙鼓琴，锺子期听之。方鼓琴/而志在太山，锺子期曰："善哉乎/鼓琴，巍巍乎/若太山。"少选之间/而志在流水，锺子期又曰："善哉乎/鼓琴，汤汤乎/若流水。"锺子期/死，	出示图书图片。 播放微课。 出示全文，"善哉"一词颜色变为红色。 点击课件，出示停顿。

教学过程	课件使用
伯牙破琴/绝弦，终身/不复/鼓琴，以为/世无足复为鼓琴者。 **三、提出疑问** 1. 师：这篇课文我们已经读通顺了，那么你们明白这篇文章写了什么吗？你有什么疑问吗？ 学情预设。 生：通过预习我知道，文章写了晋国的上大夫也是著名的乐师俞伯牙视樵夫锺子期为知音，锺子期死后，他就摔断琴弦，从此以后再也没有鼓琴的故事。 生：有些词语我不懂，"哉"，书上的注释是语气词，表示感叹，可是怎么翻译呢？ 生："巍巍乎、汤汤乎"是什么意思，怎么翻译？ 生：锺子期曰："善哉乎鼓琴，巍巍乎若太山。"少选之间而志在流水，锺子期又曰："善哉乎鼓琴，汤汤乎若流水。"这两句话我不明白。 生：俞伯牙是晋国的上大夫，锺子期是楚国的樵夫，他们地位悬殊，俞伯牙怎么能视他为知音呢？ 2. 小结：提得很好，看来同学们都动脑思考了，我们学习文言文时，首先圈画生字词，读通全文，第二步是画出停顿，读出文章的节奏来，最后还要边读边思考，有质疑，才会有收获。 **四、破解疑难** 1. 借助注释、查字典、小组交流等方法，弄懂自己不理解的词语，然后串讲全文。 2. 小组选派代表，用自己的话讲一讲这个故事。 **五、情感体验** 1. 介绍人物，了解写作背景 师：这首乐曲是为两个人的友谊而作。一个是春秋战国时期晋国的上大夫俞伯牙，他琴艺高超，被人誉为"琴仙"。一个是樵夫锺子期。他们是一对至交。是什么使一对地位如此悬殊，际遇如此不同的人成为莫逆之交？是什么将他们紧紧联系在一起呢？请用文中的话回答。 学情预设。 方鼓琴而志在太山，锺子期曰："善哉乎鼓琴，巍巍乎若太山。"少选之间而志在流水，锺子期又曰："善哉乎鼓琴，汤汤乎若流水。"这两句话告诉我们锺子期是俞伯牙的知音，	 圈画出这个字。 在屏幕上标注。 点击课件，播放古筝曲《高山流水》。

教学过程	课件使用
所以当锺子期不在了，伯牙也就不再弹琴了。 2. 感悟"知音"。 师：当伯牙弹琴心里想到大山时，锺子期就说—— 生：善哉乎鼓琴，巍巍乎若太山。 师：当伯牙弹琴时想到流水时，锺子期就说—— 生：善哉乎鼓琴，汤汤乎若流水。 师：伯牙用琴声表达自己的情怀，而锺子期能听懂伯牙琴声中所表达的情感，他成了最了解伯牙的人，这就是知音。 3. 升华"知音"。 师：资料中说俞伯牙是当时楚国有名的音乐家，那作为一个有名的音乐家，他的琴声一定不只表现了高山流水，除了泰山峨峨，江河洋洋，俞伯牙的琴声还会表现哪些动人的场景呢？请大家一边听音乐一边想象，透过音乐你都看到了什么。 播放微课"高山流水"。 学情预设： 生：我看到了鸟语花香的景象！ 生：我看到了秋天落叶满地的景象。 生：我看到了无边无际的蓝天的景象。 生：我看到了春天繁花似锦的景象。 师：不论伯牙志在高山，志在流水，还是志在明月，志在清风，凡伯牙所念，子期必得之，这就是真正的——知音！ 4. 理解绝弦。 出示句子：锺子期死，伯牙破琴绝弦，终身不复鼓琴，以为世无足复为鼓琴者。 指名读文，思考：读了这段话，你能感受到什么呢？ 学情预设。 生：我觉得只有子期才能听懂伯牙的心声，听懂伯牙心中在想什么，他们之间已经建立了一种非常深刻的友谊，子期死后，伯牙就觉得世界上再也没有人来做他的知音了，所以不再弹琴。 小结：说得真好。在伯牙看来，这个世界上，再也没有第二个人能听懂他的琴声了。伯牙的心也跟着死了。这样沉重的打击，这无人能够倾诉的痛苦，最后以一种最为极端的方式表现了出来：破琴绝弦，终身不复鼓！在这里，伯牙"绝"的仅仅是"弦"吗？这"终身不复鼓"的仅仅是琴吗？	出示相关资料。 播放微课。

（左侧竖排）教 学 设 计

	教学过程	课件使用
教 学 设 计	他在断绝琴弦的同时也断绝了什么？ 学情预设。 生：他在断绝琴弦的同时也断绝了他在音乐道路上辉煌的前程！ 生：伯牙在断绝琴弦的时候，同时也断绝了他的心弦！他认为已经没有人能真正懂得他，所以他断绝琴弦的同时也把自己给封闭起来了。 生：伯牙在断绝琴弦时也断绝了对未来的希望和向往。 师：是的，他断绝的是希望，是心弦。正如这诗句所写的—— 忆昔去年春，江边曾会君。 今日重来访，不见知音人。 但见一抔土，惨然伤我心！ 伤心复伤心，不忍泪珠纷。 来欢去何苦，江畔起愁云。 子期子期兮，你我千金义； 三尺瑶琴为君死，此曲终兮不复弹！ 摔碎瑶琴凤尾寒，子期不在对谁弹！ 春风满面皆朋友，欲觅知音难上难。 六、总结学法 师：课文短短的几十个字，写出了一个动人的故事。在品读文言文时，我们应该怎么读呢？ 在学生说的基础上，教师进行归纳总结。 读准字音，初知课文。 再读课文，感知节奏。 联系注释，读懂文意。 深入体会，品味文情。 回味诵读，升华文心	播放音乐《高山流水》，配乐朗读。 出示学习方法。
作 业 布 置	设想一下，伯牙的琴声中还有哪些景物，锺子期都听到了？试着用文中的描写方法，也来写一写。喜欢绘画的同学还可以画一画。	
板 书 设 计	伯牙鼓琴————知音————子期听琴	

教学反思	《伯牙绝弦》选自《吕氏春秋·本味》，叙述了发生在春秋时代的一段千古流传的故事。俞伯牙善于鼓琴，锺子期善于悟琴，伯牙以子期为知音。后来子期不幸身亡，伯牙悲痛欲绝，将琴摔碎，立志再不鼓琴。 阅读这个文本，经过反复斟酌，我紧紧抓住"知音"这个主题，在多个环节进行了精心的设计，使整堂课环环相扣，紧扣中心而又层次分明。充分的准备使自己能对课上的每个环节烂熟于胸，所以在课上随机地改变取舍的方向，保证了课堂质量的完整和流畅。 教学中，注意追求本色语文，扎实、有效地体现语文课所承载的内涵。课堂上我鼓励学生借助注释、查找字典、小组交流等方式理解不懂的语句。要想理解文言文，首先要把文章读通顺。所以我引导学生在解决字音之后，通过划出停顿，找节奏等方法把课文读通顺。在感悟情感这一环节，我抓住"绝弦"这个词，设置悬念，通过提问：伯牙"绝"的仅仅是"弦"吗？让学生真正明白"绝弦"的深刻含义。 教学中，我紧紧地把理解与朗读相结合，在感悟文章的每一句话的同时，我也注重了朗读的结合体味：文章的前半部分，指导学生要读出称赞的语气，读出知音欢聚的那份融洽与欢乐；文章的后半部分，指导学生带着对伯牙寂寞、孤独、绝望和心灰意冷的心情的理解有感情朗读。 在教学设计时，我还结合自己能熟练运用信息技术的特点设计制作了课件，这些课件在理解主要内容上恰到好处地点拨学生、启发学生，在教学中多次播放《高山流水》音乐，让典雅流畅的琴音款款地浸润学生的心灵，再让学生在音乐声中朗读课文，会更好地增强课文的表现力，让文言文那优美的韵味深深地植根在学生心中。可以说课件的运用为教学起到了很好的推动作用。

6. "'漫画'老师"习作教学案例 >>>>>>>

表 2-6　习作主题"'漫画'老师"教案

版　本	统编版小学语文五年级
教学设计	长春市南关区回族小学 张耀辉
课　题	习作主题"'漫画'老师"
教学目标	1. 能抓住人物外貌、性格、喜好等主要特点描写老师。 2. 能用一两个具体事例描写老师，突出其特点。 3. 能评价、修改同学和自己的习作。
重　点	挑选能够突出人物特点的典型事例来刻画人物。
难　点	学会通过细节凸显人物形象。

教学准备	多媒体课件。
课时安排	两课时。

	教学过程	课件使用
教 学 设 计	第一课时。 一、激趣导入 1. 同学们，你喜欢看漫画吗？看！漫画里有可爱的大头儿子和小头爸爸，有幽默风趣的父与子，有苦中作乐的三毛……我想同学们一定很喜欢看漫画。 2. 漫画里的人，特点非常突出，配合上独特的画风和夸张的情节，让人觉得可爱又有趣。其实我们在描写人物时，也可以采用"漫画"的形式，表现人物最鲜明的特点。那么，如果要给一位老师画漫画，你会选择谁呢？ 二、理清思路 (一)明确习作要求 本次习作要求如下： 1. 写自己熟悉的老师：语文老师、数学老师、体育老师…… 2. 抓住老师突出的特点：外貌、性格、喜好…… 3. 选择典型事例：选择一两件能突出老师特点的事来写。 (二)选材指导 1. 如果要给一位老师画漫画，你会选择谁呢？ 是总爱穿裙子，说话像连珠炮的语文老师？ 是整天笑眯眯，走路像一阵风的数学老师？ 还是上课时"怪招"迭出，课后和同学们打成一片的体育老师？ 2. 校内校外的老师都可以写。 3. 回忆我们的老师，简洁地写出他们的特点，选择一位最熟悉的来写。 语文老师：漂亮、多才多艺。 数学老师：严肃、脾气有点怪。 英语老师：风趣、幽默、爱笑。 确定重点写老师的哪个特点。不能面面俱到，否则会让人物没有特点。 4. 典型事例。 依据要表现的老师的性格、品质，选择一两件事例进行具	出示漫画图片。 出示习作要求。 出示老师漫画。 出示特点。

	教学过程	课件使用
教学设计	体描写。事例要典型，要能突出老师的特点。 语文老师：多才多艺。 (1)擅长绘画：有一次上课讲古诗，随手就在黑板上画出故事描写的情境。 (2)能当指挥：学校大合唱，指挥同学们表演大合唱。 (3)喜爱运动：学校运动会上，教工百米跑中获得第一名。 数学老师：性格古怪。 (1)有时是个慢性子：走路慢，说话慢，性格温和。有一次我遇到不会的题，他非常有耐心地给我讲解。 (2)有时性格急躁：跟语文老师抢着上自习课；记错课表走错教室。 品 质 { 爱生如子：当你受伤时，老师细心地询问、擦药、送到医院就医…… 教学严谨：当你书写马虎，老师严厉地批评，教你方法…… 废寝忘食：为了批改试卷，忘记吃午饭…… 优秀卓越：课堂上教学方法独具一格，讲课生动有趣，通俗易懂…… 三、写法指导 1. 巧拟文题。 (1)用明贬实褒的方式来拟题，如《我的"坏"老师》。 (2)用老师的特点拟题，如《我的"飞毛腿"老师》。 (3)用给老师"贴标签"的方式来拟题，如《"多才多艺"的王老师》。 2. 夸张手法。 夸张的情节，更能突出老师的特点。 3. 明贬实褒。 仿照《猫》《白鹅》的写法。 4. 细节刻画。 借鉴《将相和》描写人物时通过语言、动作、心理、神态的描写刻画人物形象。 四、提纲领航 在写作之前可以列一个提纲，帮忙梳理思路。	出示学校老师相对应的画面。 出示思维导图。 出示文题。 出示提纲。

	教学过程	课件使用
教学设计	《我的" "老师》 开头点题：介绍自己喜欢的老师姓氏、外貌特点、任教学科等。 段落之间运用过渡句。 总分的构段方式。 典型事例1：细节刻画：语言、动作、心理、神态。 典型事例2： 首尾呼应：结尾扣题，点明中心。 五、写作妙招 漫画老师真有趣， 特点突出有事例。 细节描写要夸张， 段落之间需过渡。 总分结构思路清， 首尾呼应主题明。 第二课时。 一、出示评价标准 通过上节课学习，同学们已经完成了习作，这节课我们来修改习作。 (一)出示习作自评表 | 评价标准	评价等级
---	---
找准老师的特点。	☆☆☆☆☆
能用具体事例突出老师特点。	☆☆☆☆☆
语句通畅，叙述完整。	☆☆☆☆☆ | 这是本次习作的评价表，同学们可以参照这些标准，评价自己的习作。 (二)聚焦容易出现的问题评析习作 1. 聚焦"围绕特点选准事例"。 出示一组对比阅读材料，引导学生思考：两位同学写了同一位老师，都想表现老师"对学生要求严格"这一特点。你认为哪位同学的描写与人物特点更吻合？ 学生 A：张老师对我们的要求特别严格，一开学就给我们宣布了许多班规。例如，这一学期用积分来考核同学们平时的表现，每人 10 分起步，如果给班级扣分，就扣掉一周的全部积分，如果只是被提醒，就扣掉一半的积分。昨天大伟同学因为迟到给班里扣了分，张老师非常生气，当着	出示写作小妙招。 出示评价标准表。 出示对比阅读材料。

续表

	教学过程	课件使用
教学设计	全班同学的面对大伟大吼：“大伟，你这周零分！”说着把书“啪”的一声摔在桌子上，走了。 学生B：有一次考试，我有一道题没有写计算过程，直接写了得数。批完卷后张老师拿着试卷走进教室，严肃地对我说：“这次考试你有一道计算题没有写计算过程，直接写得数，这样做是不对的。你现在刚开始学习多位数乘法，还不够熟练，计算过程能让你养成细心的好习惯。下次一定要记得按要求完成，否则就要接受惩罚了。” (1)第一个事例中的张老师不是严厉，是暴躁，这样的事例不典型，有些“丑化”老师。 (2)第二个实例比较典型，体现了老师对学生严格要求。	
	2. 聚焦“选取具体事例”。 出示对比阅读材料，引导学生思考：如何将事例写具体。 (1)材料一：我们的班主任王老师长着一张圆圆又可爱的脸，小眼睛，长头发，显得清秀又漂亮。她是个对工作认真负责的老师。一次上课时，有人来告诉王老师，她的孩子受伤了。王老师虽然很着急，但没有马上去看，而是坚持给我们上完课才匆忙过去。她真是一位无私、负责任的好老师。 (2)材料二：语文课上写作业时，我有一道题不懂，王老师见了，就走到我身边耐心给我讲。突然，一位老师急匆匆地跑进教室对王老师说：“王老师，你家孩子上体育课时不小心跌倒，膝盖流了很多血。”王老师听了，一惊，只见她皱了皱眉，又看了看教室里的同学们，马上对那位老师说：“您先帮忙带到医务室处理一下，我上完这节课就过去！”同学们都让王老师赶快去看一下，可王老师却说：“现在是上课时间，我不能离开！我们继续上课。”直到下课后，王老师才匆匆向医务室跑去。	出示对比阅读材料。
	片段评析： (1)第一个片段是用概括的语言将事情叙述了出来，没有细节的描写，缺少画面感，很难引起读者共鸣。 (2)第二个片段详细地刻画了人物的语言、动作、神态，让读者如临其境，非常有画面感。 (3)反观自己的习作是否做到关注细节，把事情写具体。 二、修改习作，互评互改 1. 对照评价表，修改自己的习作。	出示片段评析。

	教学过程	课件使用
教学设计	2. 同桌之间交换习作评价。 三、写法归纳 本节课，我们通过对比阅读，明白了描写人物要抓住特点，选择准确事例具体描写，突出人物特点。就像这段儿歌说的： 漫画老师并不难， 选准老师找特点。 对照特点想事例， 具体描写巧修辞。 生动夸张如漫画， 精心构段写佳作。 写老师的作文如此，描写其他人也是这样，只要掌握方法，大家笔下会塑造出各种各样鲜活的人物。课下，同学们可以把习作读给你描写的那位老师，听听老师的反馈。	出示写法，归纳儿歌。
板书设计	《我的" "老师》 开头点题： 典型事例1：过渡句 典型事例2：总—分 细节刻画 首尾呼应	
教学反思	漫画，是一种艺术形式，是用简单而夸张的手法来描绘生活或时事的图画。一般运用变形、比喻、象征、暗示、影射的方法，构成幽默诙谐的画面或画面组，以取得讽刺或歌颂的效果。学生都喜欢看漫画，但是模仿漫画的特点和手段来描写自己的老师，就有点无从下手了。 鉴于此，本课我先从漫画的特点及方法入手，给学生进行介绍。首先出示学生熟悉的漫画人物形象，引导学生了解漫画这种表现形式。然后又指导学生抓住老师的特点，用上夸张、比喻、象征的手法，选择典型的事例将人物形象生动地描写出来。为了让学生写出真情实感，我又出示了两个习作片段，进行对比阅读，通过这一环节，让学生明白要通过具体的事例来表现人物的特点。在"漫画"老师的习作时要通过具体的事例来表现自己的老师的特点，例如，总是爱穿裙子，说话像连珠炮；整天笑眯眯，走路一阵风；教学中怪招迭出…… 这次习作指导，借助信息技术出示了很多画面，激发学生的写作欲望，提供写作素材。教学中给我在思考：只有学生有充分的观察和生活作为基础，作文才能出彩。因此，在今后的习作教学上，我也应引导学生多留心，多体验，多仿写，才能厚积而薄发。	

7."故事新编"习作教学案例 >>>>>>>

表 2-7　习作主题"故事新编"教案

版　本	统编版小学语文四年级	
教学设计	长春市台北明珠学校　窦继红	
课　题	习作主题"故事新编"	
教　学　目　标	1. 能按照事情的发展顺序合理地创编故事。 2. 能根据已知情节和生活经验,发挥想象,表现活灵活现的人物形象。 3. 能根据一定的目的,选择合适的材料,并围绕中心展开合理的想象,把事情的经过写清楚。	
重　点	让学生发挥想象续编故事,体会故事带来的乐趣。	
难　点	培养学生口头表达能力,发掘创新思维。	
教学准备	多媒体课件。	
课时安排	一课时。	
教　学　设　计	教学过程	课件使用
	一、故事导入,激起表达欲望 1. 今天,老师给大家带来一个故事(板书:故事),找同学读。 2. 小结:擅长跑步的兔子为什么输给了慢吞吞的乌龟呢? 学情预设。 生 1:兔子在比赛中睡着了。 生 2:因为兔子太骄傲,没把对手放在眼里。 3. 为什么喜欢这个故事? 学情预设。 生 1:因为结局出乎意料。 读起因时预测:兔子赢。 读第一个情节预测:兔子赢。 读第二个情节预测:乌龟赢。 读结尾时知道:乌龟赢。 情节发生反转,结局出乎意料。 生 2:告诉我们不要骄傲。 明白一个道理,有收获。 4. 好的故事。 (1)出乎意料的结局。 (2)小故事蕴含大道理。	出示《龟兔赛跑》文本。 出示好故事标准。

课时安排	教学过程	课件使用
教学设计	(3)生动有趣，引人入胜。 5.如果再跑一次结果会怎样？这次比赛又会发生什么呢？今天咱们来进行故事新编(板书：新编)，看看谁的想象更新奇独特，又合乎情理。 6.解题：故事新编是我们通过自己丰富的想象力，对已有的故事进行重新创编。新编的故事，人物没变，但是故事发生的时间、地点、起因、经过、结局却不一样了。(粘贴：起因、经过、结局) 二、设计结局，指导构思 1.设计结局。 如果小乌龟和小白兔要进行第二次比赛，猜一猜，他们谁会赢？ 乌龟和兔子都赢了。 乌龟和兔子都没赢。 兔子赢了。 乌龟又赢了。 习作小妙招一：多个角度猜结局 2.推想情节。 (1)假如我们选"乌龟又赢了"这个结局，可以想象新的故事情节—— 兔子： 河流挡道，撞上树桩，掉进陷阱(路遇不测)(倒霉兔)。 跑反方向；这回比谁跑得慢(急中出错)(粗心兔)。 路过一片萝卜地，看到水灵灵的萝卜(遇到诱惑)(贪吃兔)。 乌龟： 新增了一段下坡路，乌龟头一缩迅速滚下(赛程变化)(幸运龟)。 借助滑板，利用宝葫芦(借助工具)(聪明龟)。 习作小妙招二：根据结局反推情节。 想尽办法为兔子设置障碍，为乌龟添助力。 (2)选定主角，想故事。 我设计的结局是<u>乌龟又赢了</u>。我选_____当主角，创意情节_____，告诉我们_____。 学生填写完，交流。 (3)填写编写提纲。	出示四种结局。 出示习作小妙招。 出示故事情节。 出示习作小妙招。 出示填空。

课时安排	教学过程	课件使用
教 学 设 计	让我们进一步完善这个故事。 龟兔赛跑新编　起因：＿＿＿＿＿＿＿＿ 经过：兔子：＿＿＿＿＿＿ 　　　乌龟：＿＿＿＿＿＿ 结局：乌龟又赢了。 (3)同桌交流故事。 (4)展示故事。 (5)小结：新编故事，必须要读懂原故事，抓准中心。只要不违背原故事的特点，按照一定的顺序，怎么设计都是允许的。 三、丰富情节，完善故事 新《龟兔赛跑》虽然情节发生了变化，但是我觉得读起来还不是特别引人入胜。怎样才能使故事读起来更有趣、更吸引人？ 1. 习作小妙招三：一波三折写生动。 同学们，如果你要给新《龟兔赛跑》选择曲折的情节，你会设置哪些波折呢？ 学情预设：路遇不测、急中出错、遇到诱惑…… 2. 借助表格丰富自己的故事，讲给大家听。 3. 小结：新编故事，必须进行充分的想象。想象要大胆、新奇，但又要合乎情理。要注意运用自己平时的生活经验及平时阅读积累的知识。	出示提纲。 出示习作小妙招。 出示表格。

起因	听说兔子不认同上次比赛结果，乌龟也不服气了，要求重新再来一场比赛，但比赛的路线由他来定。兔子欣然同意。	
经过	次数	主要情节
	第一次波折	
	第二次波折	
	第三次波折	
结果	乌龟又赢了	

四、刻画细节，描写生动
有趣的故事，不仅要有曲折的情节，还要我们发挥想象，

课时安排	教学过程	课件使用

教 学 设 计	添枝加叶。
	1. 习作小妙招四：添枝加叶写具体。
	2. 回顾课文《巨人的花园》描写片段，读一读，说说这个片段是怎样描写具体的。
	"你们在这儿做什么?"他叱责道。孩子们吓得跑开了。
	"我不懂为什么春天来得这样迟?"巨人坐在窗前，望着窗外那凄凉的花园，"我盼望天气快点变好。"
	巨人悄悄地走到他后面，轻轻抱起他，放在树枝上。
	学情预设：分别运用了语言描写、神态描写和动作描写。
	3. 小结：要想把故事写得生动形象，不但要恰当地使用比喻、拟人、夸张等修辞方法，还可以抓住人物的语言、动作、神态、心理活动进行描写，这样文章才能更生动。
	五、例文引路
	1. 出示例文，指名边读边点评。
	2. 总结：故事新编并不难，只要我们记住以下几点，就可以编出好故事来。
	
	      故事新编
	    多个角度设结局，
	    根据结局推情节。
	    一波三折要生动，
	    添枝加叶写具体。
	
	六、拓展延伸
	除了《龟兔赛跑》，还有很多故事可以重新编一编，如《狐假虎威》《坐井观天》《狐狸和乌鸦》《鹿角和鹿腿》等。一起来试试吧!
		出示习作小妙招。
		出示课文《巨人的花园》描写片段。
		
		出示例文。
		
		出示儿歌。
		
		出示图片。

板 书 设 计		

| 教
学
反
思 | "故事新编"是部编版小学语文教材四年级下册第八单元的习作主题，本次习作要让学生写故事，重点是了解如何创编故事，如何设想故事的结局和故事情节，从而培养学生多读书、多思考的习惯。教学中，指导学生按照自己选择的材料组织讨论、交流，互相提建议后修改习作。四年级的学生对童话并不陌生，他们早已在课内外阅读过许多童话。本单元导读中写道："奇妙的童话，点燃缤纷的焰火，照亮我们五彩的梦。"因此，这次故事新编习作教学我努力做到了以下几点：
1. 用故事导入，激发创作兴趣。执教时，我选择用故事导入，目的是带领学生重温故事，熟悉故事情节，激发学生创作兴趣。只有对原作品足够熟悉，才能新编故事。
2. 从结局入手，引导学生选材。本次习作指导从选择故事结局，选择故事情节入手，从学生的回答中我发现学生的选材很广泛，如何选材，选什么样的材料更适合写作，这对于学生来说是一大难点，解决了这个问题，习作就会简单多了。
3. 立足学习，准确把握学情。一节课的成功与否，首先得从学生身上去考量，看看他们学得是否扎实。这节课上，无论是导入问题的设计，还是"读、想、说、写"几大环节的展开，以及评价时对学生的鼓励，都是出于这样的考虑。希望学生能在相对轻松的环境中自然而然地感悟到故事的特点和写作方法。
4. 落实目标，提高语文素养。本节课上，我先让学生评价《龟兔赛跑》这个童话故事，在此基础上引导他们总结出好故事的特点，以此引导学生认识到创编故事要有出乎意料的结局，要通过小故事阐述一个道理，描写要生动有趣，引人入胜。整个教学过程中，学生既锻炼了口语表达能力，也明白了童话的写作方法。其次，我始终注重引导学生大胆展开想象，围绕主题写，这样不仅提升了学生的写作能力和想象能力，也让他们接受了真善美的熏陶。 |

第三章
拓展学习篇

　　随着时代的变迁，学习已经不局限于课堂，网络给予了更加广阔的空间。新课标提出了构建"学习任务群"，提倡多学科融合，这都少不了极简教育技术的助力。运用更加快捷、方便的方式构建学习社群，借助网络进行学习任务的发布，通过网络搜集学习成果，使用大数据开展科学测评，这都是未来教育的发展趋势。这一章节，就从这些方面入手，告诉我们如何将小学语文学习的空间延伸出去，在生活中学语文、用好祖国的语言文字。

一

运用极简教育技术开展延展性学习

1. 运用微信小程序学好普通话 >>>>>>>

　　语言是最重要的交际工具和信息载体。在现代化建设的历史进程中，国家大力推广、积极普及全国通用的普通话，有利于消除语言隔阂，促进社会交往，对社会经济政治、文化建设和社会发展具有重要意义。语文教学是推广和普及普通话的主要渠道，小学语文教师肩负着推广普通话的重要任务，除了自身要说普通话，用标准的普通话进行教学以外，还要在学生中开展学好普通话的活动。运用微信小程序"最美诵读"，就可以帮助学生学习、说好普通话。

　　由于小学阶段学生年龄较小，自律性差，教师可以建议家长在手机端安装这个小程序，带领学生练习普通话。教师还可以依托小程序建立学习小组，发起学习任务，让全班学生一起展开竞赛，看谁普通话进步最快。例如，在进行古诗词教学时，教师可提前布置第二天要学习的古诗词，让学生自行朗读。如果所在地区方言较重，可以让学生先听朗读示范，然后反复跟读练习，并将朗读录制下来，分享到班级群里。如果能背诵下来，还可以点击"背诵测评"。通过这个功能，不但可以检测背诵是否准确，还可以测评字音是否正确。小程序还会给出相应的得分，得分较高者还会得到小星星。这个结果可以一键进行分享，学生会获得学习成就感，继续参与朗读训练(见图 3-1)。这样的小程序还有很多，如专门为课文朗读设计的"优谷朗读"(见图 3-2)。

　　这些关于朗读的小程序，使用起来简单方便，能够建立班级，方便学生加入，方便形成学习共同体。程序大都采用人工智能评价，去除了评价受人为因素干扰，同时也减轻了教师的负担，反馈也更加及时，方便学生练习普通话。使用一段时间后，会发现学生的朗读水平有明显的提升。

图 3-1 "最美诵读"诵读测评界面

图 3-2 "优谷朗读"界面

2. 运用微信"小打卡"构建学习圈 >>>>>>>

从教育心理学的角度来说，学习兴趣是一个人倾向于认识、研究获得某种知识的心理特征，是可以推动人们求知的一种内在力量。学生对某一学科有兴趣，就会持续地专心致志地钻研它，从而提高学习效果。正因为这样，如何提高学习兴趣是每位一线教师都在研究的课题。有的教师用"小红花""小红旗"来刺激学生的学习兴趣，有的教师用加分制，有的用物质奖励。但这些刺激都是暂时的，甚至有些奖励手段会将学生的兴趣从学习迁移到奖励上，反而有害。我们既然能运用信息技术激发学生的学习兴趣，同样可以运用简单的信息技术让这种兴趣持久下去，这就是构建学习圈。我们可以模仿游戏的模式，构建一个学习圈，搭建学习成果展示的平台，为学生找到学习的伙伴，这样就可以让学习兴趣不断持续下去。微信中有个小程序"小打卡"，操作简单方便，但却能够发挥这个功能，达到构建学习圈的作用。教师首先在微信里搜索"小打卡"添加到"我的小程序"当中。然后点击"新建圈子"，创建班级圈子(见图3-3)。

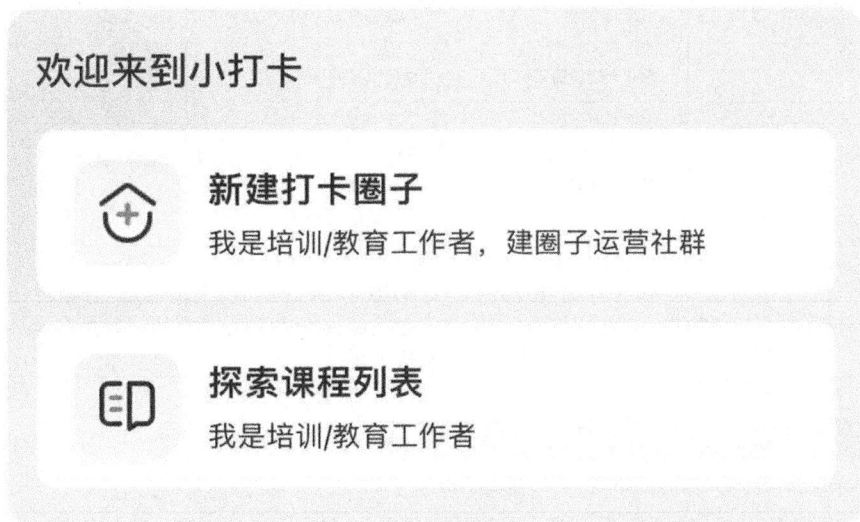

欢迎来到小打卡

⊕ **新建打卡圈子**
我是培训/教育工作者，建圈子运营社群

🖨 **探索课程列表**
我是培训/教育工作者

图 3-3　创建班级圈子

填写班级信息，创建成功后邀请班级学生加入即可(见图3-4)。

建好圈子之后，教师就可以发布作业，学生完成后可以将作业拍照上传，还可以发布视频、文字等素材。学生之间可以相互点赞，教师可以置顶优秀作业，这都为学生增添了学习自信心。学生还可以参考他人的作品用来提升自我，可以说是一举三得。

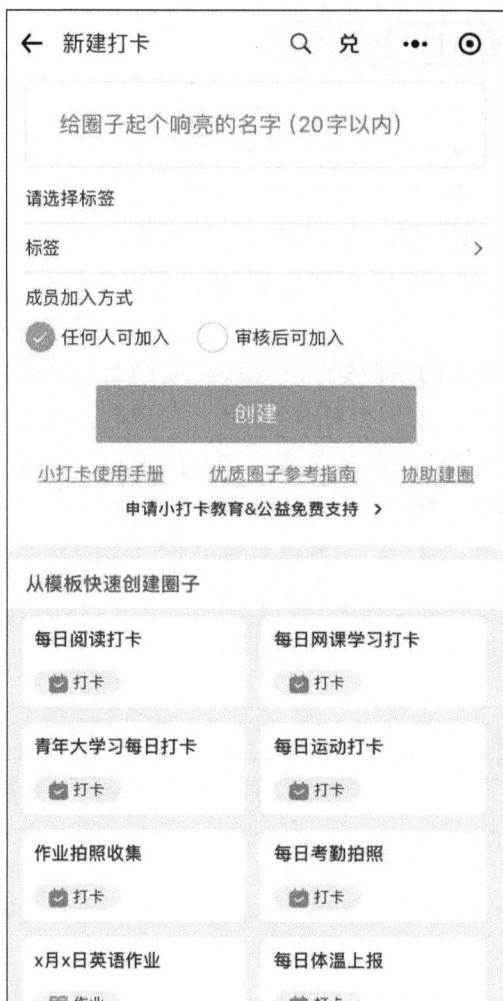

图 3-4　邀请学生

3. 运用微信小程序满足个性化评价需求 >>>>>>>

　　学生评价是教师对学生的思想品德、学业成绩、身心素质、情感态度等的发展过程和状况进行价值判断的活动。一般描述学生的优点缺点，如何改进，让他们对自己有一定的信心。由此可见，学生的评价对学生的终身发展非常重要。传统教学对学生的评价存在不够及时、千篇一律等现象。运用信息技术可以实现及时评价，个性化评价。例如，我们可以通过微信中的一个小程序"奖状模板"来进行评价(见图 3-5)。

图 3-5　奖状模版的页面

　　这个小程序有很多分类，既有表扬信、奖状、证书，也有榜单、旗帜等。关键是使用简单，随时可以建立，然后发送到班级空间，让所有学生和家长看到，既有趣味，又能激发学生的上进心。每次评价还会有记录，经过一学期的使用，到学期结束时还可以根据统计数据，颁发本学期奖状。也可以使用这个小程序，开展晋级制，评选出周冠军、月冠军、学期冠军、年度总冠军，这样会大大激发学生的兴趣，在班级里形成比学赶超的氛围。每次评价，可以针对不同学生的特点，选择不同方式和评价语言，这又使得获得评价的学生感受到教师的格外关注，增加师生之间的情感，为学生学习添一分动力，可以说是事半而功倍。

4. 运用"人人通空间"建立学习社区 >>>>>>>

　　如果说用微信"小打卡"为学生构建了学习圈子，那用"人人通空间"就是为学生建立一个学习社区。"人人通空间"一般内嵌于各省的教育资源公共服务平台中，很容易找到，可以通过扫描二维码添加到手机端，账号可以找学校管理员申请（"一师一优课"活动同一账号）。它主要有以下功能。第一，可以进行知识管理，实现资源云端同步。教师可以通过多种渠道快速收集资源，进行标签化管理，在实现自己碎片化知识管理的同时，还可以通过手机将资源一键发送给学生，一键分享给同事，课堂上一键投送到电子白板。第二，拥有移动讲台。教师可随时离开固定讲台，移步到学生中间，通过手机同屏控制电子白板的上课内容，一边教学，一边与学生进行课堂互动，让教学过程更轻松、流畅和高效。第三，能实现作业相关工作移动化。教师可随时随地布置和批阅作业，学生可线下完成作业和预习，后随时通过拍照、录音等方式提交给教师。家长可轻松查看孩子作业和教师点评。第四，能够多方沟通。教师、家长可快速创建备课组、班级组等，围绕教学、教育实时交流；还可随时随地进行班级圈分享、互动，孩子在家与校时的学习和生活状况尽收眼底。第五，快速传达信息。学生在校表现、课堂发言情况、测试成绩等家长最关心的信息可以迅速通过手机端传达给家长，方便家长了解孩子的状态。第六，具有私密性。对于学生的个人成绩、个性化评价等数据实现一对一传输，家长只能查看自己孩子的情况，很大程度保护了个人隐私。只有教师可以查看全班学生的数据，这既保护了隐私，又方便教师统计。第七，课堂授课同步录制。教师授课时可点击"录制"按钮，将课堂教学所用显示器界面录制下来，如果外接麦克风还可以将声音同时录制下来，下课后一键推送给学生及家长，让学生反复学习。第八，线上检测。可通过线上检测及时了解学生学习情况，生成班级、学生的多维度的成绩分析报告，并且可自动批阅，减少教师批阅工作量。

二

运用极简教育技术开展小学语文主题活动

随着课改的日益深入，小学语文主题性学习走进了我们的视野。"主题阅读""主题学习""主题写作"都开展得如火如荼，尤其是"主题活动"，深受教师和学生的喜爱。随着互联网的普及，丰富的学习资源和特有的学习环境也为学生开展语文主题活动提供了助力。将二者有效地融合，不仅能让学生掌握学科知识，完成学科课程目标，还能利用丰富的网络资源进行拓展性和探究性学习活动，为学生的综合能力培养创造更多的机会。

1. 小学语文主题活动的设计 >>>>>>>

(1)阅读性主题活动

学习语文的过程是我们形成阅读能力、理解能力、分析能力、筛选能力、表达能力的过程。正因为如此，语文学习就绝不能仅仅局限于教材中的内容，而是要通过教材完成基础知识、基本方法的学习，通过拓展性阅读及多种形式的阅读强化语文学习能力的形成。

①围绕单元主题设计主题活动

小学语文教材的设计本身就具有主题性，每单元都有不同的侧重点，根据单元内容设计主题活动内容不仅可以帮助学生更全面深入地了解该主题的相关内容，还会帮助学生在完成活动的过程中形成筛选、梳理总结的能力。例如，学了关于大海的单元后，教师让学生利用网络搜集关于海洋的知识，并制作成PPT进行交流。学生在进行资料搜集前，应先梳理出想要从哪几方面研究海洋。教师可以从以下几方面帮助学生进行分类：海洋里的动物、海洋里的植物、海洋的分布、海水的成分、海洋与人类的关系等。让学生根据自己的兴趣自由组成小组，通过网络或书籍着重进行某一方面的研究。每个学生通过小组内的深入研究，经历了对知识的纵向深入挖掘，通过听取其他同学的汇报，又实现了对知识的横向了解。

②围绕课文内容设计主题活动

语文的学习不应该止于文本的阅读，教师应该把课文作为起点，适时开展拓展性的学习。例如，在学习了《姓氏歌》后，让学生上网查找自己姓氏的由来，讲一讲自己名字的含义。学习了《好日子》后，让学生上网查找资料，为老鼠们寻找菜单，设计瓜车，动手做一做，讲一讲。这种由课文内容延伸出来的拓展活动，不仅让学生能够感受到学习是有用的，和我们的生活有着密切的联系，还能让学生感受到语文学习并不是那么的单调和枯燥，语文也可以有想象和创造。

③根据学习需求设计主题活动

"学习用普通话正确、流利、有感情地朗读课文"是低年段的教学要求。小学低年级大多数课文都适合分角色朗读，有的还可以编成课本剧演出。一开始学生在课堂上紧张，不敢表演，教师可以将这样的活动从课上搬到课下，发起一次"课文朗读视频征集大赛"，让学生在家中反复练习后，再由家长录制成视频上传，这个过程就是学习。通过这样的活动，学生不但训练了朗读技巧，还提升了自信心。到了中、高年级则可以放手让学生自己编排成课本剧进行演出，从分组编写剧本，到制作背景PPT，有不会的地方可以上网查找资料，在这个过程中不但培养学生的小组协作能力，还培养他们运用网络解决问题的意识。

(2)围绕寒暑假开展主题活动

学校每年都会放寒暑假，假期中学生在家里的时间长，家长很苦恼不知道该带领学生做些什么，学生也茫然无所事事，大好的时光都荒废在了电视和游戏中。从2013年开始，我在每年寒暑假会开展每周一次趣味作业的主题活动。学生可以围绕主题，自己选材，自己确立小标题，用文字、图片、视频的方式完成。这些主题活动可以结合学生年龄特点进行设计，有引导学生合理分配时间，达到自我管理的"寒暑假计划"；有关注传统文化教育的"我们的春节"；有引导学生学习生活技能的"我学会了"；有引导学生学会阅读的"如何读好一本书"；有督促学生坚持练字的"铅笔字书写大赛"；还有为新学期做准备的"我的新学期计划"。还可以召开"网络家长会"指导家长开展家庭教育，解决假期中学生出现的各种问题。运用网络信息技术开家长会，既增加了和家长沟通的次数，又不耽误他们上班时间。开学前还可以开展"开学收心"的活动，让学生顺利迎接新学期（见图3-6）。

图 3-6　寒假主题活动界面

(3)围绕传统节日开展主题活动

中国的传统节日形式多样，内容丰富，是我们中华民族悠久的历史文化的一个组成部分。通过开展传统节日教育可以增强民族凝聚力，学生通过自主探索、自主活动，不但可以学习历史上的优秀文化，还能不断提升自己内心的道德水平。随着信息技术的发展，每逢节假日，家长们总在微信群里晒出学生出游的照片。于是我想到，可以将二者有机地结合起来开展传统节日的主题活动。例如，春节开展"我家的春节"主题活动，探寻年俗背后的文化意义，拍摄自己家富有特色的春节；元宵节开展"正月十五闹元宵"视频大赛；清明节开展"清明遐思"主题诗词朗诵；端午节开展"寄情端午"美食节；中秋节开展"我们的中秋"晒中秋活动；重阳节开展"为爷爷奶奶送祝福"的活动。这些主题活动，不但丰富了学生的业余生活，还训练了他们有条理地说话，想好了再说话的好习惯。这为今后的写作打下了坚实的基础(见图 3-7)。

图 3-7 节假日活动界面

（4）分年龄设计主题活动

①适合高年级的主题性学习

快乐剧场。小学语文中有很多适合编排成课本剧的文章，如《小蝌蚪找妈妈》《西门豹》《晏子使楚》等，这些课文可以放手交给学生，让他们自己写剧本，自己制作幻灯片作为背景，然后以组为单位进行演出，演出后评出一、二、三等奖，分别给予奖励。

课件制作。这指发动学生为教师制作课件，既可以加强他们对课文的深入理解，又可以让他们学会简单的电脑操作知识，学会运用互联网解决学习中的难题。在上课时教师可以一边使用 PPT，一边对内容进行修改，当场提出修改建议，演示操作方法，让学生再次修改。例如，对于《诉衷情》的 PPT，学生一开始都做得很花哨，字都看不清楚。经教师指导后学生制作的 PPT 越来越实用。这个方法还有一个好处是能大大提高学生的注意力，因为教师用的是他们自己的作品，他们期待得到教师的评价。

课文解读。这其实是读书笔记、读后感的变身。可以利用学生喜欢操作计算机这一点，开展"课文解读"活动。号召学生制作 PPT，用图片、简练的语言表达自己对文章的看法和体会。还可以利用PPT的文件转化成视频功能，制作成"课文解读"视频微课，播放给学生看。这实际上是开展了一次小型的读书会，既锻炼了学生对语言文字的运用能力，又锻炼了他们的口语交际能力，更重要的是发挥了学生的主观能动性。

小小讲师。将课堂还给学生，充分发挥学生学习的积极性、主动性。开展"小小讲师"活动正是这一理念的最好体现，具体可以分六个步骤。第一步，分小组，学生根据喜好组成讲课小组，有问题时，教师应做调解，推动活动进行。第二步，小组根据大多数人的意见选择喜欢的课文。第三步，查找资料。教师指导学生通过网络搜集整理资料，然后设计教学内容。第四步，制作课件。教师要教学生简单的操作技术，指导方法。第五步，分工上课。教师从旁协助，指导多媒体的使用。第六步，教师和其他学生点评。每组学生可以这样分工：一人负责拍照摄像，一人负责主讲，一人负责操作计算机，其他成员负责搜集资料、制作PPT、准备道具等其他任务。讲课内容自己来挑选，根据教学进度的时间进行。每次上课时，教师可以一边记录，一边根据情况追问。提问时刻遵循以下原则：所提问题围绕课文的重点、难点，用这些问题引导学生深入研究；学生讲到的，教师不提问，学生没讲到的，就适时提问。渐渐地，就能影响学生关注这些方面，揣摩这些问题，课文讲得就越来越成熟，越来越上瘾。学生在研究中学习乐此不疲，兴趣被激发了，主动性增强了，课堂活跃了，交流增多了，还避免了教师的一言堂，这才是课堂教学理想的状态。

运用简单的信息技术在高年级开展主题性学习还有很多方式，教师只要结合学生生活实际、社会热点问题去进行设计，就一定会受到学生的喜爱。

②**适合低年级的语文主题活动**

有人认为在小学高年级开展语文主题性学习会容易一些，因为学生已经具有一定的知识储备，有了一定的学习能力，但要在低年级开展就有一定难度了。因为低年级的学生年龄小，学习能力弱，自律性差，操作电子产品有难度。其实，只要我们设计好活动内容和形式，就不但能开展起来，而且效果还会很好，为学生的终身发展打下基础。

知识讲解。对于一年级学生，学校的一切都是新奇的，上课时容易注意力不集中。一年级语文教学内容，有很多已经在幼儿园接触过，例如，汉语拼音。此时不妨让学生走向讲台，当一次小老师，带大家一起拼读，讲讲自己如何记住这个拼音，哪些汉字里有这个拼音。还可以用这个方法让学生讲生字，讲词语。这些都离不开信息技术的支撑，首先要有具有交互式功能的课件，课件里有游戏化学习的内容，有生字的自动书写等资源。还要有大屏幕将课件内容呈现出来，还要方便学生操作，这些都是极简教育技术的用武之地。

演绎课文。小学低年级大多数课文很有趣，适合分角色朗读，还可以编成课本剧演出。例如，在《小公鸡和小鸭子》教学中，如果采用传统的指名读，被指名的学生会因为紧张读得磕磕巴巴，其他学生就失去了听的兴趣。如果采用分角色朗读，就能吸引大多数学生的注意力。几名学生扮演课文中的角色，其他同学读旁白，让课堂秒变小剧场，在笑声中，他们不但记住了课文的内容，还享受到语文学习的乐趣。对于那些需要背诵的课文，还可以找到合适的视频或动画，让学生配音，这样就能快速记住课文内容，轻松地背下来。每学期还可以开展"课文剧大赛"让学生自己组成小组，选择喜欢的课文，准备道具，研究编排动作，演一演，读一读。这不但有利于学生对本学期的学习内容进行回顾，还能将他们轻松带入课文描写的情境之中，更好地感悟课文。教师还可以运用录播教室，将整个比赛录制下来，为自己留下研究资料，为学生留下美好的回忆。

口语表达。小学语文教学要培养学生听、说、读、写的能力。"听"和"读"是输入，"说"和"写"是输出，"听"和"读"是学习语言的运用，"说"和"写"是练习运用语言。因此，为学生提供交流的机会和平台很重要，运用极简教育技术为学生搭建一个平台，就可以为学生多提供说话的机会。例如，刚入学时，学生的行为习惯不够规范，自理能力差……这些问题即使教师和家长反复沟通，仍旧收效甚微，因为往往存在这些问题的学生背后都有溺爱他的家长。这时我们不妨换个方式，采用拍摄微课的方式，选出各方面问题突出的学生，交给他们拍摄微课的任务。不会系鞋带的拍摄"如何系鞋带"，不会收拾书包的拍摄"如何整理书包"。微课拍摄完，播放给其他学生看，教师可以让视频主人公边播放边讲解。通过这一系列的活动，学生不但学会了这个技能，还提高了口语表达能力，学会如何介绍操作过程，为今后的习作打下基础。还可以开展学生"微课大赛"，鼓励学生将自己擅长的生活技能、生活常识录制成为微课和同学一起分享。这些微视频还可以加上统一的片头、片尾，上传到网站中，让大家投票评选，增添学生的自信心，获得学习幸福感，产生持久的学习动力。

记录生活。教师可以结合节假日开展主题性学习。例如，中秋节时开展"我们的中秋"，让学生利用假期查找节日的来历、搜集有关中秋节的诗词，鼓励学生用手机拍摄家人团聚的场面，做个小主持人，讲述自己家的中秋活动。十月可以开展"美丽的秋天"，让学生用手机拍摄身边秋天的景色，配上解说词，做个小导游。

2. 运用极简教育技术进行主题活动发布 >>>>>>>

主题活动如果想开展得好，活动前的发布很重要。这里的活动发布不只是任务布置，还包括教师的指导。没有教师指导就开展活动，学生不知道具体该怎么做，就会茫然不知所措，效果也就不会好，开展这项活动就失去了意义。因此，运用极简教育技术开展活动不妨按以下方法做。

(1)巧妙选择主题活动发布时机

小学语文主题活动的选题一方面是来源于课本，一方面是来源于生活。不管切入点如何，时机都很重要。上学期间，每天放学后时间有限，适合开展微活动，如"课文朗读大赛""讲汉字背后的故事"；周末休息时，可以开展复杂一点的主题活动，如"错别字调查""课本剧表演"；节假日前一天布置开展和节假日相关的活动；每年的寒暑假则可以根据季节特点，开展适合的系列主题活动。例如，寒假时恰逢中国的传统节日春节，这时就可以开展"我家的春节""春节习俗大调查"，寒假也是家人聚会的日子，可以开展"电子家谱绘制""爷爷奶奶的老照片"等活动。暑假开展"我的旅途"微视频大赛。暑期，有很多家长会带学生出去旅行，让学生用镜头和文字记录旅途的点滴。但要注意，假期里开展的活动不宜在放假前一次性布置给学生，一是因为假期漫长，学生会记不住；二是容易突击完成，质量不高。这时就要发挥教育技术的优势，教师可以利用微信小程序中的"小打卡""人人通空间"等，教师建立学习圈，定期发任务，学生定期提交作品。这样循环下去，坚持一个假期，就会有收获。这种方式，可以避免学生在整个假期里因为缺少监管无心学习的状态，避免开学前两周疯狂地补作业的现象，引导学生有计划有步骤地去完成各项任务，逐步形成有计划学习的意识。

(2)录制主题活动指导微课

主题活动的发布不但要选择恰当的时机，还要注意发挥教师的指导作用，要指导在前。在传统教育中，开展一次活动往往需要教师反复指导，这不但浪费时间，还浪费精力，但效果并不好。因为学生年龄小，听完就忘记做了。现在完全可以发挥信息技术的优势来进行指导。每次开展活动前，教师可以将活动要求、活动如何完成、如何提交等内容录制成微课，发布到班级群里。这样学生如果不知道怎么开展，就可以让家长用手机扫描二维码，重听教师的指导。有条件的教师，还可以通过网络直播间，用在线课堂的方式进行任务发布。学生有疑问时，还可以上线交流，教师予以解答，全程录制下来，学生可以反复观看。例如，我在国庆节期间开展的"喜迎国庆"主题活动，先录制了微课"喜迎国庆"，在微课里不但介绍了国庆节的由来、重大意义，还结合当下的季节，介绍了秋天的特点，告诉学生这是一个丰收的季节，又是祖国母亲的生日，然后引导他们通过各种方式为祖国庆祝生日，过一个有意义的"国庆节"。经过这些活动，学生逐渐认识到了网络信息技术对于生活和学习的积极意义，而不是只是用来打游戏。

(3)搭建展示平台

一个主题活动的任务发布、展示作品都离不开网络平台。在平台的选择上，我们要遵循极简原则，选择常用的、普及率广的、操作简单的软件或平台。常用的平台有以下几种。

①用微信"小打卡"开展活动

前文我们已经介绍过如何在微信"小打卡"中建立班级圈，如果已经拥有了班级圈，我们就可以通过这个小程序建立活动打卡主题。"小打卡"可以通过微信账号一键登录，支持文字和图片，音频和视频的发布，操作起来极其方便。同时，它还拥有网页版，教师可以通过电脑登录，发布活动主题、下载学生打卡的图片、音频、文字、视频，方便资料的搜集和保存(见图 3-8)。

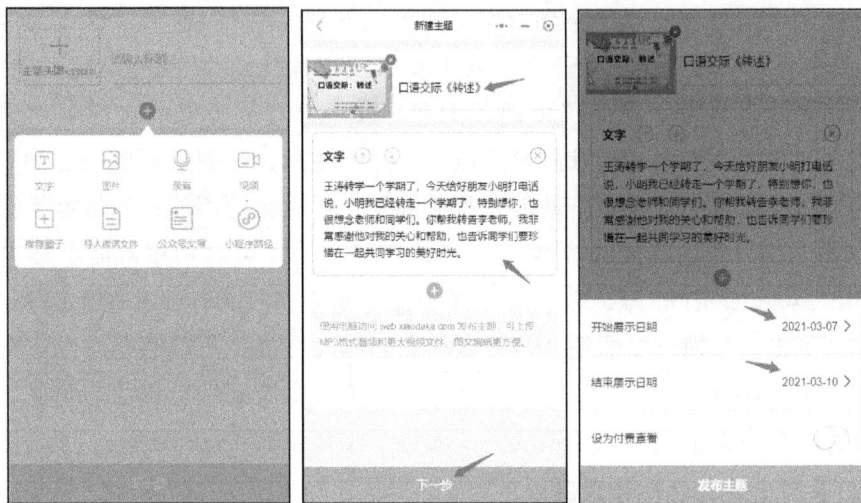

图 3-8 "小打卡"活动界面

②用"人人通空间"开展活动

"人人通空间"的优势是普及面广。平台有一个活动广场，就是专门为开展主题活动而设置的，使用起来方便(见图 3-9)。

图 3-9 "人人通空间"活动界面

③用"QQ群"打卡开展活动

每个班级都会建立QQ群，QQ近些年来发展得也非常快，有很多新增的功能都很实用。例如，新增的"打卡"板块，我们完全可以用它来发布活动。方法如下：点击QQ群应用，找到"打卡"点击进入，编辑信息，发布到班级群里后，家长就可以点击进行完成，呈现方式也是多样的，可以是文字、图片、音视频等方式，使用起来非常方便，后期教师还可以下载打卡中优秀的作品，查看数据(见图3-10)。

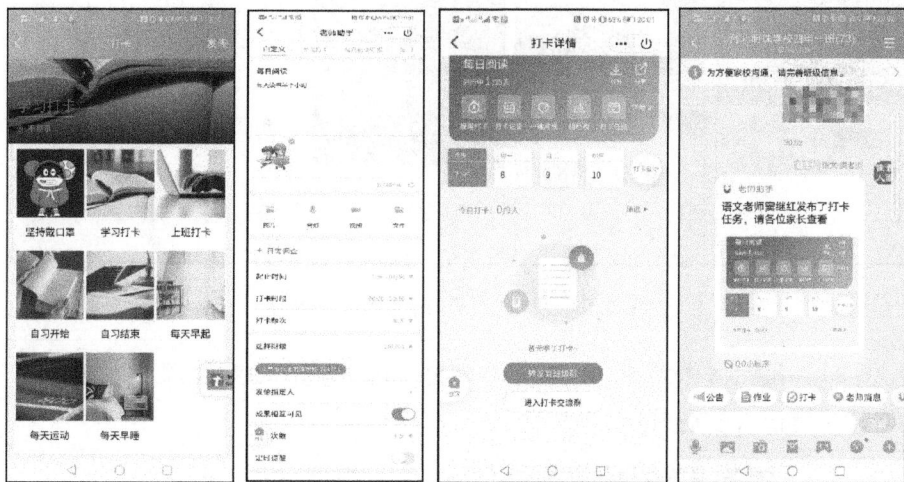

图3-10　QQ群"打卡"活动界面

选择平台要以大家习惯的平台为主，尽量不需要家长再次下载注册。在操作上要简单，不需要对家长和学生进行培训即可掌握，活动结果的呈现要多样，提倡拍照上传，录制短视频，这样既能喜闻乐见，又能减轻家长的负担。这就是极简教育技术所倡导的，简单、方便，提高效率，获得最好的效果。

3. 运用极简教育技术搜集主题活动过程资料 ≫≫≫≫≫≫≫

(1)活动作品随时交

随着无线网络和智能手机的普及，人们可以随时随地用手机进行记录和编辑，编辑好之后用手机中的应用程序就可以提交作品。所有参与活动的同学都可以看见到他人的作品，这为主题活动能够持续多频次地开展提供了有力的保障。

(2)活动作品随时改

信息技术的发展让人们的生活越来越便利，用镜头记录生活，用图片、微视频分享生活点滴，也已经成为人们生活的一部分。许多手机编辑图片和视频的软件应运而生，如专门编辑图片的"美图秀秀"、专门制作海报的"创客贴作图神器"。其中"美图秀秀"最为常用，有手机 App 版，有电脑版，使用起来十分方便。以最常用的为图片加文字为例，首先打开软件，选择美化图片，再根据需要先用编辑对图片进行裁剪，然后可以选择虚化、滤镜和去美容将人物处理到最佳效果，然后点击文字，为图片加文字(见图 3-11)。

图 3-11　用"美图秀秀"为图片加文字

这个软件虽然操作简单，但效果非常好，图片美化后对照原图，无论是色彩还是格调都有很大改观(见图 3-12)。

图 3-12　处理前后的照片对比

在开展活动的过程中会有很多张照片，这个软件还可以将多张照片拼在一起，并添加文字。软件操作起来也很简单，打开"美图秀秀"软件，点击拼图，选择要呈现的图片，再选择模板，图片拼好之后，再添加文字，完成后点击保存即可。如果有需要还可以选择分享到微信、QQ 里面。在开展主题活动时，学生可以使用这款软件对照片进行处理后再发布，效果会更好。

有很多活动，除了需要提交图片以外，还需要提交视频。这些视频可以用手机拍摄，还可以用"抖音""快手"等软件进行拍摄。以"抖音"为例，拍摄方法如下：在电脑上安装"抖音"，安装后可以用微信或手机号登录，打开软件，正下方中间有个"＋"按钮，点击进入拍摄页面，然后选择镜头方向、道具、各种效果、背景音乐等，就可以进行拍摄，拍摄的方式有分段拍、快拍、影集等多种方式，还可以添加文字(见图 3-13)。

图 3-13 用"抖音"拍摄视频的界面

拍摄完的视频有时需要剪辑，这时就需要用到"爱剪辑"或"剪映"等软件。"爱剪辑"是一款流行的视频剪辑软件，支持给视频加字幕、调色、加相框等剪辑功能，有很多创新功能和影院级特效功能，是一款易用、强大的视频剪辑软件。"剪映"也是一款视频剪辑软件，除基本功能外，还有多轨剪辑，曲线变速，卡点，语音转字幕等专业功能。

(3)活动作品好保存

过去开展活动的作品一般都以文件和文件夹的方式保存在教师的电脑中，一旦电脑出现问题，存储的内容就很有可能都无法恢复。虽然也可以通过 QQ 群的方式共享给家长，但所有的群文件混在一起，不能够分类呈现，活动后查看、统计都不方便。现在利用网络学习空间和手机程序发布活动，每一次的活动都是一个独立的空间，从任务布置到所有的作品提交都在一个节点下呈现。无论什么时候活动的所有资料都井然有序地呈现，通过手机端可以随时对正在进行的活动式过往的活动情况进行查看。

4. 运用极简教育技术进行主题性学习评价 >>>>>>>

(1)活动作品巧统计

教师要想对学生的作品进行评价，首先就要保存学生提交的所有作品。传统教学中一般以纸质成果为主，教师需要逐一收取。遇到寒暑假这样长时间的假期，有时学生保存不当就会丢失，因此很难保证数量。同时因为作品只能小范围展示，学生的学习成就感降低，在提交之前，无法看到别人的作品，又缺少参照性，所以质量也难以保证。后来有了互联网，学生可以随时提交，教师可以下载保存。但随着活动频次的增加，活动作品的统计工作也呈现出了超负荷的态势。学生提交作品的时间不一，教师无法随时守候在电脑前进行下载保存。

现在，有了网络空间和手机应用程序来帮忙，这些问题就解决了。我们可以利用平台的数据统计功能，通过手机端实时查看提交情况。活动结束后，系统也会自动对作品的提交、浏览及获得点赞的数量进行实时统计，大大减轻了作品统计的负担。有了这个工具，学生参与几次活动，每次的浏览量、获得的点赞次数、评论量都一目了然，统计起来非常方便。

（2）活动作品妙评价

有了极简教育技术的帮助，学生提交的作品呈现在所有学生和家长的面前，所有的人都可以对喜欢的作品进行点赞和评论。既实现了公开、公平、公正地进行评价，又实现了信息的全面共享，使评价更加科学合理化。运用数据进行评价，不但减轻了教师的负担，还减少了家校之间的矛盾，结果更能让人信服。

5. 运用极简教育技术进行主题性学习成果展示 >>>>>>>

每次开展主题活动，总有作品让我们眼前一亮。将这样的作品展示出来一是可以使作者获得学习成就感，激励他们更加积极参与主题活动；二是可以让其他同学学习优秀案例，完善自己的作品。但如何快速方便地展示这些作品呢？一是可以通过开展活动的平台设置"置顶"来展示；二是可以通过微信"朋友圈"展示。还有一种方法是通过制作二维码的方式展示。方法如下：第一步将视频传到如"优酷"等公开视频网站，然后复制视频的网址，打开"草料二维码"或"联图二维码"网站，将网址复制在地址栏中，点击生成二维码；第二步点击美化二维码，修改二维码的颜色，可以选择现成的模板，添加文字，点击生成即可；第三步，将制作好的二维码截图保存（因为下载有时需要付费）。用这个方法不但可以为视频制作二维码，还可以为图片、文字、音频、表单制作二维码。每次开展完活动，教师可用这个方法把优秀作品一一上传，制作出二维码，然后设计成一张文档。这样累积起来就有了属于自己班级的"码书"，张贴在走廊的宣传栏里，其他教师和家长可以随时用手机扫码观看。学期快结束时还可以集中展出，将学生的作品更大范围地分享出去，让参与者获得学习成就感（见图3-14）。

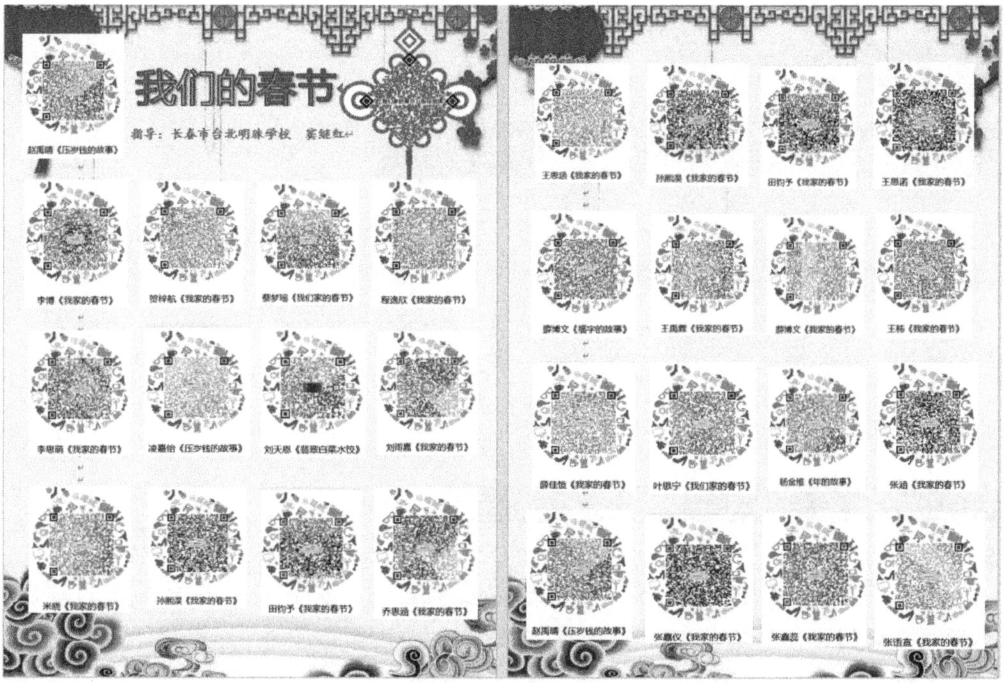

图 3-14 "我们的春节"主题活动系列二维码

　　语文学科是一门学习语言文字运用的综合性、实践性课程。发挥互联网的信息传播优势，就可以极大地增加学生学习语文、运用语文的机会，从而锤炼学生的能力，提高学生的语文素养。教师可建立班级空间，帮助学生建立个人的空间，引导学生运用网络进行学习。从搜集资料、整理资料开始，学着用 PPT、Word 等的软件，在网络空间中分享自己的学习成果。通过这样的方式使学生语文能力得到提高的同时，信息素养也得到了提升。

　　总之，运用互联网开展小学语文主题活动，可以改变传统语文教学的样态，让语文学习的内容更丰富，方法更多样，形式更灵活。在学科教学的全过程中合理运用信息技术，不但能激发学生的学习兴趣，开发学生的智力，培养自主学习的能力，还能在教与学之间架起有意义的桥梁，使教师的"教"真正服务于学生的"学"。互联网环境下的主题活动教学不仅能够对小学语文的学习产生如虎添翼的效果，还对于学生的学习习惯养成起到功不可没的作用。"技术服务于教学"，适时而巧妙地应用信息技术，不仅可以为小学语文教学提质增效，还可以有效地助力学生语文素养的全面提升。

三

运用极简教育技术开展多学科融合性学习

1. 小学语文与其他学科融合的意义 >>>>>>>

　　展开综合性学习的一条重要而有效的教学途径，就是加强各学科间的融合。小学语文教材中所选的文章，有的具有很强的思想性，有的具有科学性，有的具有艺术性，这些与思想品德、数学、自然、社会、体育、劳动等学科有着密切的联系。因此，在小学语文教学中实现学科的融合是完全有必要的，具有以下几点意义。

　　(1)拓宽了语文学习领域

　　小学语文教材在选文上十分精心，内容丰富多彩，形式多样，学生在一篇篇文章浸润下，潜移默化地就学习到了语文知识，有了语言积淀。其中也有一些文章，会给学生带来很多思考。学了《小蝌蚪找妈妈》会好奇：小蝌蚪变成青蛙的过程都是什么样的？学了《雾在哪里》会想：雾是怎样产生的？雾是如何消失的？学了《蟋蟀的住宅》会想：蟋蟀的寿命有多久？它们是如何繁殖后代的？许多疑问在课文中是找不到答案的，仅靠语文课的时间也是不够的。这时就可以开展多学科的融合，联手科学教师一起讲《小蝌蚪找妈妈》《雾在哪里》等科学性比较强的文章；联合体育教师讲习作《记一次游戏》《记一次运动会》；联合美术教师讲《一幅名扬中外的画》……

　　(2)有利于创新意识的培养

　　语文课程应植根于现实，面向世界，面向未来。未来是科技迅速发展的时代，需要大量具有创新能力和科学素养的人才，而人的科学素养和创新能力不是一朝一夕形成的，要从小培养。若想让学生具有科学素养和创新能力，除了接受良好的科学教育，参加科技活动锻炼以外，形成勤于研究、勤于探索、勤于思考的习惯至关重要。因此在小学语文教学中，教师要结合教材内容，开展多学科的融合教育，这样才能激发学生对科学的好奇心和求知欲，从中得到探索科学的乐趣，增强对科学的兴趣，提升科学素养。

（3）延伸了语文应用的天地

语言文字是人类社会最重要的交际工具和信息载体，是人类文化的重要组成部分。工具性与人文性的统一，是语文课程的基本特点。小学语文教学尤其要注意工具性的体现，因为语言文字是人类思维和交际的工具，小学阶段正是打基础的时候，基础不牢固，就没有办法学好其他学科。例如，阅读能力弱的学生往往在分析数学应用题时就会倍感吃力。因此，语文学习不是孤立的，通过多学科的融合，可以延伸语文应用的天地，让学生感受到语文学习关系到生活的方方面面，从而激发语文学习的主观能动性。

2. 小学语文与其他学科融合案例 >>>>>>>>

语文教学大多是按照单元、课文的顺序和教学计划一篇一篇地进行。课堂教学也大多是在教室内以静态的方式讲授、提问、讨论交流，这样的方式早已满足不了学生日益高涨的求知欲。随着学生的生活环境变了，他们每天接触的信息是海量的，他们迫切需要教师的引导。有时在教授《纳米技术就在我们身边》这样的科普类篇章时，教师就会感到心有余而力不足，这时，就需要有其他学科教师的帮助，甚至是专业人士来帮忙。语文课文内容丰富，涵盖面广，里面涉及多个学科的知识，教师可以充分利用网络改革语文的教学方式，把各门学科教学融合到小学的语文课堂里，使语文教学更具活力、多元化、多样化。在培养语文学科素养的同时，也提升了学生的综合素养。

（1）语文与美术相融合

小学阶段，学生年龄小，对画面比对文字更为敏感，因此，根据学生这一特征，部编版小学语文教材中配有大量插图，这些图画色彩丰富，主题与课文统一，激发学生阅读课文的兴趣。教师也可以抓住这一特征，从以下几方面入手将语文与美术的学科知识融合。

①为课文配画，感受文字的语言美

喜欢涂一涂、画一画是大多数学生的天性，在低年级的教学中，教师可以鼓励学生为语文书的插图重新涂颜色，根据自己对课文的理解，重新设计颜色。还可以为那些情节简单、人物单一的课文配上插图。例如，在执教《小蝌蚪找妈妈》时，可以让学生边阅读课文，边画出对小蝌蚪外形描写的句子，然后根据这些描写在白纸上画一画小蝌蚪。课文学完后，一幅小蝌蚪变形图就绘制完毕了。此时，再鼓励学生照着图画复述小蝌蚪是怎样变成青蛙的。这样就实现了从文字到图画，又从图画到文字的历程。教师还可以运用信息技术对这些绘画作品进行处理，变成动态相册进行保存，优秀的作品可以发布在班级的空间里进行展示，让家长都看到学生的学习成果。

②为课文绘制思维导图，加深对文章的理解

思维导图是表达发射性思维的有效的图形思维工具，简单又有效。思维导图的特点是运用图文并重的技巧，把各主题的关系用相互隶属或平行相关的层级图表现出来，把主题关键词与图像、颜色等建立记忆链接。思维导图充分运用左右脑的机能，利用记忆、阅读、思维的规律，协助人们在科学与艺术、逻辑与想象之间平衡发展。语文教师可以引导学生运用思维导图梳理课文的主要内容，或为课文绘制思维导图。课堂上教师可以运用思维导图软件，根据学生口述，快速绘制出一幅思维导图，然后让学生课后进行手绘，在绘制时可以添加个性化插图，让思维导图更有趣、更美观。之后再议一议，看谁最有创意。长期进行训练，学生就会快速抓住关键词、关键句理解全文，提高学习效率，增强了理解和记忆能力。

将语文学科与美术教育相融合，化抽象为具体，在画图中美化语文，还有利于培养学生的审美、鉴赏与创造能力。

(2)语文与音乐相融合

音乐是一种无国界的语言，也是一种没有年龄段的语言，对于学生来说，音乐比文字更容易让他们接受。基于这种思考，教师应该考虑在语文课堂教学中，如何将无声的文字变有声，更好地吸引学生的注意力，激发学生参与学习的意识，用音乐创设情境，帮助学生在阅读中感悟。

①用音乐创设情境，渲染氛围

用音乐导入是小学语文教学中常用的方式。在讲授描写景物的文章时，可以播放轻音乐，配上跟课文有关的画面进行导入。这样会更加吸引学生的注意力。在讲授故事情节比较强的文章时，可以在开头播放节奏比较强的音乐，渲染氛围，设置悬念，激发学生的阅读兴趣。在讲授《大自然的声音》时，可以播放森林中各种声音的音频，流水声、鸟鸣声、树叶飘落的声音……带领学生倾听，感受作者笔下的美丽景色。

②用音乐为朗读伴奏，培养语感

音乐在小学语文课堂上的使用，还体现在配乐朗读上，音乐是有节奏的，根据课文内容选择合适的音乐，有利于学生在朗读时找到节奏，培养他们的语感，让朗读更有感情。尤其是在朗读古诗文时，如果教师找到一些中国传统乐器演奏的名曲在课堂上播放，让学生配乐朗读，当悠扬的旋律在教室里响起时，就像一股山泉从山谷缓缓流淌，随着旋律的起伏，配上清脆的童音朗读，这无疑是一种美的享受。

因此，将音乐融入语文课堂教学，运用信息技术用音乐创设情境，渲染氛围，使学生深深地被吸引在课堂之中，先"入境"后"动情"，音乐成了触发键，情境相融，取得最佳的教学效果。

（3）语文与科学相融合

统编版小学语文教材中十分注重对学生科学精神的培养，因此选用了大量的科普类文章，有关于动物的《蟋蟀的住宅》《蜜蜂》，有关于物种进化的《飞向蓝天的恐龙》，有关于生物工程学的《蝙蝠与雷达》，有关于生活实践的《要是你在野外迷了路》，有关于未来的《太空生活趣事多》《纳米技术就在身边》。有的课文在情节的描写中就有科学知识，例如，《小蝌蚪找妈妈》中小蝌蚪的进化过程；《两小儿辩日》中，究竟哪个孩子说得对；《小壁虎借尾巴》中，壁虎的尾巴再生。这些科学知识是学生渴望了解的，教师适时引导，就能激发学生对科学知识的向往。例如，在执教《小蝌蚪找妈妈》时，可以和科学教师联手，先由语文教师带领学生对课文有所了解，扫除字词障碍。再由科学教师讲授小蝌蚪演化过程中的科学知识，回过头来，再比照书中的描写，分别感受科学的严谨和语言的优美。在执教《飞向蓝天的恐龙》时，可以播放一些关于恐龙进化的视频，再开展关于恐龙灭亡的猜想，激发学生对科学的探索意识。当执教《肥皂泡》时，则可以带学生亲自做一做，按照书中的文字描写动手尝试，当获得成功时，学生在高兴之余，今后的阅读中会更加关注文字的描写。语文教学和科学相融合，还会为学生提供更多的提问机会，鼓励学生喜欢思考，爱提问，帮助学生发展独立的思维，提高学生的表达能力。

（4）语文与实践相融合

纸上得来终觉浅，绝知此事要躬行。教育的本质是传递人类积累的经验，丰富人类生活经验，教会人们生活，提高适应社会的能力，使社会持续发展下去。可见实践活动对人的重要性，因此，语文教学不是空中楼阁，要将语文学习与生活实践相联系，让学生意识到语文学习是具有实用性的。例如，在执教四年级上册第三单元时，教师可以先通过《爬山虎的脚》《蟋蟀的住宅》引导学生学会动用多种感官，抓住事物的特点去进行观察，然后开展一次实践观察活动。可以观察绿豆如何发芽，月亮如何圆缺，小动物的日常生活……边观察，边记录，最后形成观察日记，写成一篇习作。这样不但为学生提供了写作素材，解决了写作时无米下锅的问题，还从中得到了收获，明白了道理，做到"言之有理"。

总之，语文学习不是孤立的，教师在小学语文教学中，要运用信息技术优化课堂效果，引导学生将语文学习与其他学科相融合，将学习延展到生活的方方面面，在多学科的融合之中寻求最佳的教学路径和方法。

运用极简教育技术开展课后作业评价

置身于"互联网＋"时代背景下，信息技术的大潮让教育教学发生了翻天覆地的变化。作为教学的一个重要环节，学生作业在"互联网＋"的支撑下也变得越来越多元化。

1. 运用网络搭建作业展示平台 >>>>>>>

随着国家教学资源服务平台的建设，各省市也都搭建了属于自己的教育资源云服务平台，每个师生都拥有了自己的账号，每所学校又都有了属于自己的网络空间。这些空间，为学生的学习成果展示提供了广阔的天地。教师可以利用网络空间发布活动，学生可以通过手机应用程序上传活动结果，进行展示，学生间可以点赞，优秀作业可以置顶，活动数据可以用于最终的总结。通过平台，教师还可以布置充满个性化的作业，如让学生观看微课，自主选择学习进度，利用平台中的资源，进行预习和复习，学习经典名著等，让学生获得更多的知识。

2. 运用小程序开展作业智能评价 >>>>>>>

运用网络进行学习，最大的难题就是学业评价。不过，随着科技的进步，这一点已经迎刃而解了。运用"AI 智能＋人工"对学生的作业进行智能批阅，就是其中的一种方法。例如，居家学习期间被广泛使用的小程序"蜜蜂家校"，它是一款由"扫描全能王"推出的家校沟通与作业管理小程序，有着一键直达、使用方便、批阅准确率高的特点，且完全免费。用微信扫描二维码，添加到我的"小程序"就可以使用。

"蜜蜂家校"这款小程序有以下特点。

第一，自动批改功能：教师布置作业后支持学生线上提交作业，开启助教批改模式即可批改作业。支持手抄潦草作业，当天即可返回批改结果到教师端、学生端。

第二，智能错题本功能：教师可以分别通过"按照班级查看"和"按照学生查看"两种方式查看学生的错题情况。这样既能纵览班级的错题情况，也能够有针对性地为每一位学生错题负责，错题还能导出文档打印。

第三，试卷擦除功能：写过的试卷或者作业，拍个照就能把答案擦得一干二净（题目会保留），得到一张崭新的试卷。

除此之外，蜜蜂家校还有打卡、通知、课程表、成绩单等学情管理功能。

3. 作业评价结果的科学应用 >>>>>>>

运用信息技术会让学情反馈更加迅速，教师能很快从数据中得出结果。居家学习期间运用极简教育技术开展作业评价发挥了极大的作用。首先，通过每天的作业分析数据，教师可以迅速掌握学生学习情况。对于那些错误率高的题目，任课教师可以利用每天的答疑时间进行再次讲解。对于知识上的遗漏，教师可以利用第二天的课堂进行补充讲解；对于大家都已经掌握的知识点则可以不用再次讲解。其次，通过每周的课后作业报告，教师还可以及时调整教学内容和方向，让今后的教学定位更加精准。最后，通过智能作业平台，教师可以深入进行教学研究，达到实时监测教学效果的目的，让理论与实践更好地结合。

拓展学习的设计可以从以下几个角度切入：一是结合语文教材，开展综合实践活动；二是结合节假日，开展综合性活动；三是可以利用寒暑假，引导学生开展社会实践活动；四是开展跨学科的实践活动。

1. 整本书阅读案例——寒假读书卡活动 >>>>>>>

每年的寒暑假是师生阅读的好时机，引导学生形成阅读的好习惯，与书为友，在阅读中陶冶情操，凝聚智慧，开拓视野，增长知识，提升人文素养，这是小学语文学习的重要任务。在读整本书时要注重阅读引导，培养读书兴趣，提高读书品位。为了让学生能够更好地阅读，从一年级开始，每年寒暑假我都会从学生年龄、下学期的教学内容出发进行设计。例如，五年级寒假，我发现在五年级下学期的教材中，有四大名著的节选课文，而学生之前从没有阅读过。新课标又提倡"整本书阅读"，因此我决定在寒假开展"四大名著"阅读活动。可是，这四部名著虽然经典，但阅读起来有一定困难，我担心学生无法独立完成。经过多方求教，思考，再加上对新课标的研读，我发现，之所以在小学五年级就安排这一内容并不是希望学生对名著有着深刻的阅读，而是希望通过教材，让学生初步了解"四大名著"的相关知识，激发阅读兴趣。于是，我决定利用寒假的空闲时间，充分发挥网络学习的优势，来开展这次读书活动。

整个活动分为四周。首先，我用"人人通"发布这个活动，让学生提前到图书馆借阅相关书籍，并有初步的了解。第二步，每周六在直播间开展阅读导读活动。按学生的年龄、喜好由易到难，第一期是《西游记》、第二期是《水浒传》、第三期是《三国演义》、第四期是《红楼梦》(见图 3-15)。

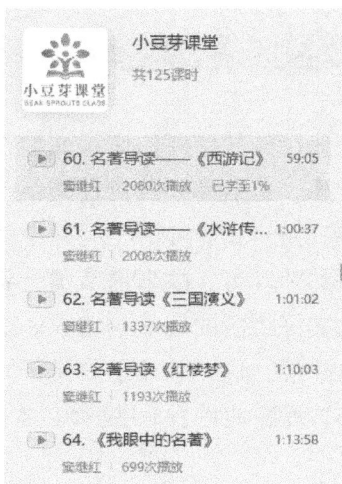

图 3-15 名著导读课程

　　接着设计了寒假读书卡，每一次的指导后，学生利用一周时间，开展阅读。然后将自己的阅读收获填写在阅读卡中，上传到"人人通"空间中的活动主题下。经过学生间的互评，教师的点评，评选出优秀作品，在下一次指导中进行展示。

　　待到下一次阅读指导时，我首先会邀请学生展示自己的阅读收获(见图 3-16)。

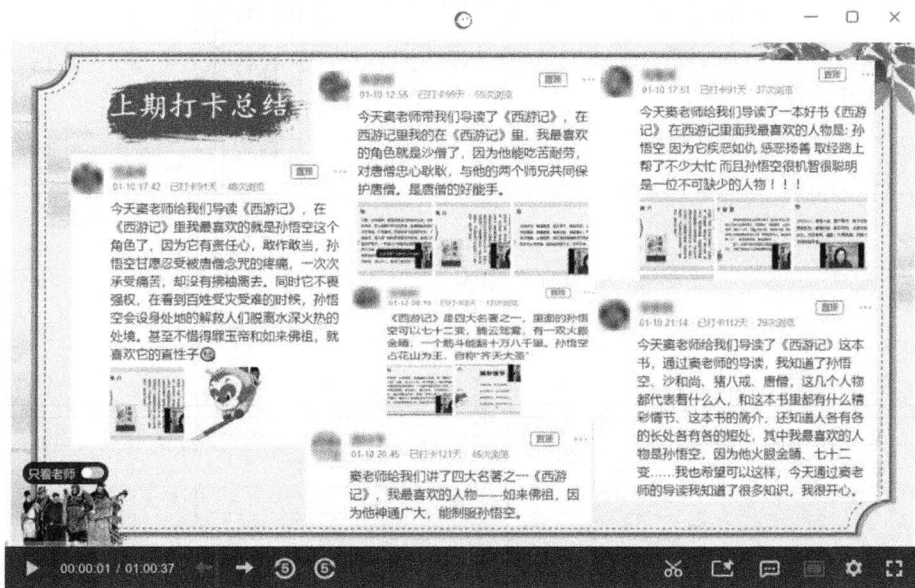

图 3-16 学生阅读收获展示

　　经过这样一周的阅读，学生对这本书有了初步的认识和了解，为下学期的学习和今后的阅读奠定基础。

2. 拓展阅读案例——读民间故事

民间故事是古代劳动人民创作并传播的口头文学作品，是前人留给我们的智慧结晶。了解和学习民间故事，是继承和弘扬优秀传统文化的重要内容。五年级上册第三单元选编了《猎人海力布》和《牛郎织女》两个民间故事。这两个一直相传的民间故事主人公都是普通的劳动者，故事情节蕴含着丰富的想象，充满浪漫色彩，表达了劳动人民对幸福美好生活的期盼与追求。为了让学生进一步了解民间故事，感受阅读民间故事的乐趣，这一单元还安排了“快乐读书吧”栏目，推荐阅读中国民间故事及欧洲、非洲等地的民间故事。本案例就是依据于此进行设计的。

首先，在暑假时，我就已经向学生推荐了民间故事的相关书籍。教学时又特意将“快乐读书吧”安排在周五进行，课堂上带领学生分享了暑假阅读收获、阅读感受，然后相互推荐自己喜欢的故事，最后布置学生利用周末再次进行阅读。为了搜集学生的阅读成果，特意设计了阅读卡(见图 3-17)。

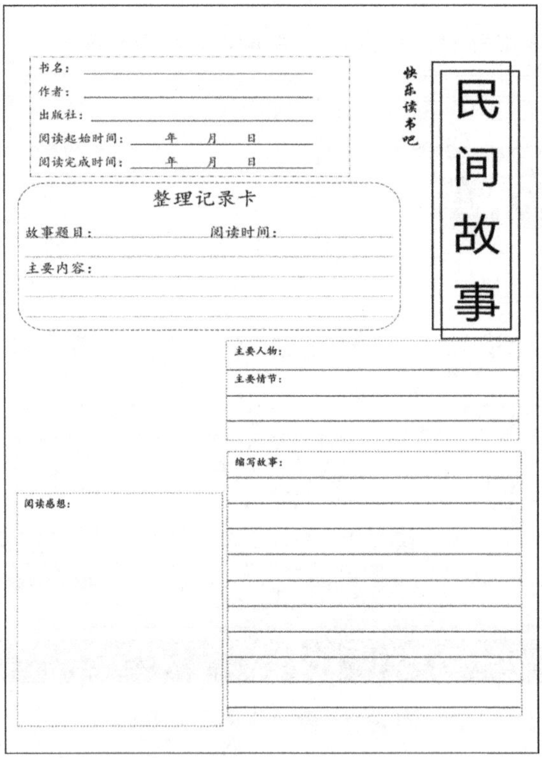
书名：
作者：
出版社：
阅读起始时间： 年 月 日
阅读完成时间： 年 月 日
快乐读书吧
民间故事
整理记录卡
故事题目： 阅读时间：
主要内容：
主要人物：
主要情节：
缩写故事：
阅读感想：

图 3-17 “民间故事”阅读卡

将设计好的阅读卡打印出来下发给学生。双休日学生阅读相关书籍，然后填写读书卡。教师则提前在班级"人人通空间"发布任务，为了让学生高效阅读，还将之前录制的微课"批注式阅读"同时发布到"人人通空间"。这样如果学生在阅读时遇到困难，还可以再次观看。当学生阅读并填完后，就可以拍照上传到平台中（见图 3-18）。

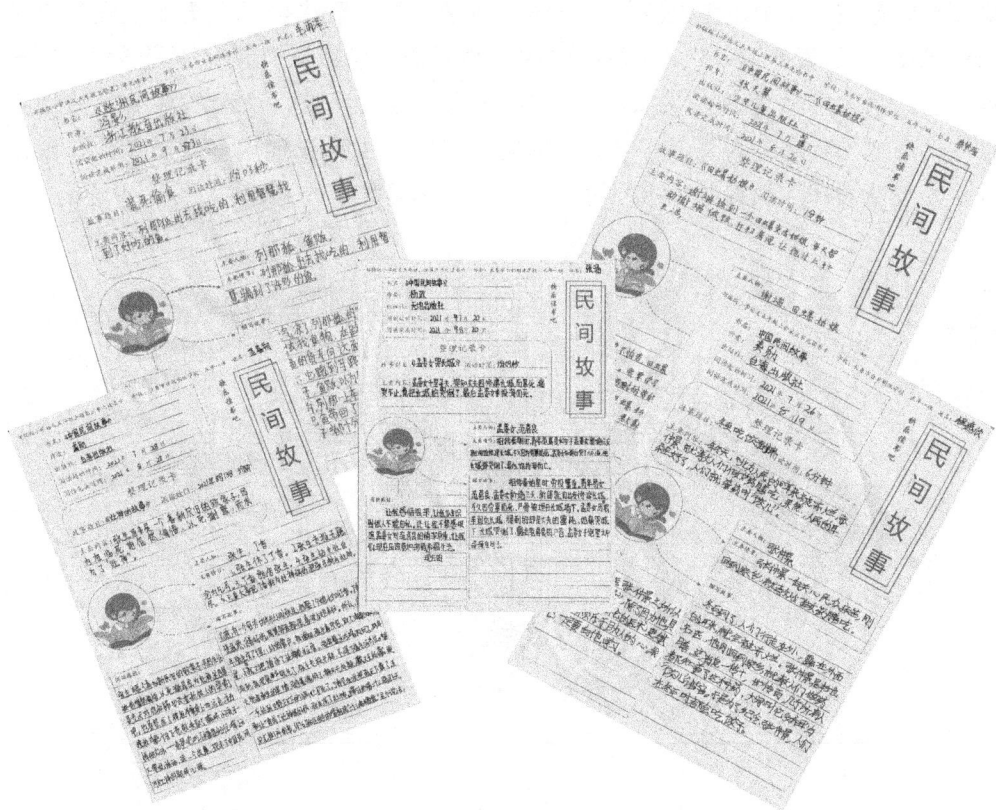

图 3-18　"民间故事"作业展示

3. 社会实践活动案例——"十一"特色作业 　>>>>>>>

"国庆节"恰好在秋季，这是风景优美，水果、粮食丰收的季节。我观察到尝美食、赏美景是大多数家庭长假期间的主题。义务教育语文课程实施从学生语文生活实际出发，创设丰富多样的学习情境，设计富有挑战性的学习任务，激发学生的好奇心、想象力、求知欲，促进学生自主、合作、探究学习；引导学生注重积累，勤于思考，乐于实践，勇于探索，养成良好的学习习惯。因此，我抓住这一时机，从一年级开始就设计了"十一"特色作业。一年级时主题是"我们的国庆"，主要是了解国庆节的来历，国庆节的意义，从自身出发为祖国庆生。这一部分在前文已经有阐述，这里就不再详谈。到了二年级，从生活实践与学科结合的角度出发，注重各科和秋季特点相结合，设计了如下"十一"特色作业。

(1)秋之数韵

这一设计是将数学学习与大自然相结合。北师大版二年级数学教材里面有"认识对称图形"。学生在课堂上学过之后，走进大自然中寻找对称图形，证明对称图形的存在，从中还可以发现其规律，将学习与实践结合，会更加激发学生学习的愿望。"秋天的树叶"，就是很好的观察对象，所以，我设计了让学生"找一找，画一画"这样的板块。在动手操作中获取感性的认识，认识丰富多彩的现实世界，形成初步的空间观念，感受图形之美。使学生真正地理解数学知识，感悟数学的理性精神，欣赏数学中的对称美，激发学习数学的兴趣(见图 3-19)。

图 3-19 秋之数韵

(2)秋之印象

统编版小学语文二年级上册有一篇课文《树之歌》，里面介绍了十一种树。秋天到了，这些树木会发生哪些变化？让学生走进大自然，去找一找，看一看。这也是将书本内容与生活实践相联系的最好方法(见图 3-20)。

图 3-20　秋之印象

(3)秋之硕果

这一板块是将英语学习与生活相联系，让学生将学到的英语单词和句型、句式运用到实践中去。找寻素材的过程锻炼了学生对英语知识的筛选及了解，扩宽了学生的知识面，培养自主学习的能力，书写则可以让学生发挥自己的书写水平，增强学习英语的信心和兴趣(见图 3-21)。

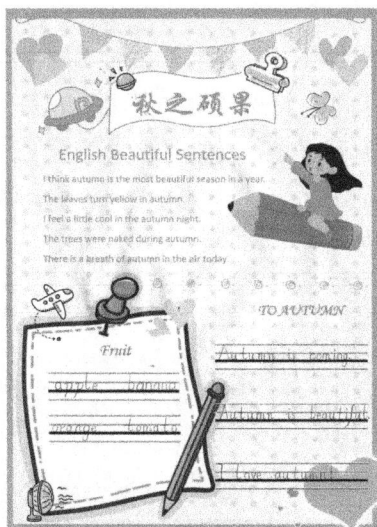

图 3-21　秋之硕果

(4)秋之繁星

秋天的色彩丰富，是一年四季中最美的季节，因此，自古以来就受到文人墨客的青睐，他们为此挥毫泼墨，留下了不少赞美之词。回顾学习内容，小学语文二年级上册中恰巧有关于春天的词语积累。因此，我在设计特色作业时就增加了这一板块。让学生利用假期，运用网络搜集有关于秋天的词语和诗词，积累下来，为自己今后的表达做准备(见图3-22)。

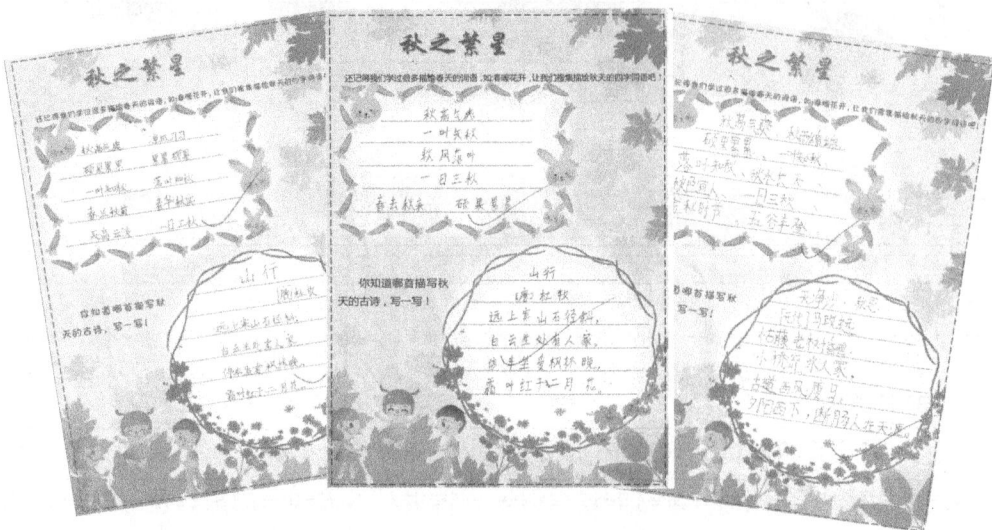

图 3-22 秋之繁星

(5)秋之美文

随着信息技术的发展，在出行中，用手机拍照、拍摄短视频，成为标配。旅行中的见闻、感受，如果不及时记录下来就会被忘掉。因此我设计了这一板块，学生可以拍一张美丽的风景照，写一段文字描绘自己眼中的秋天。同时，我还在班级"人人通"中开设了"美丽的秋天"微视频大赛，鼓励学生拿起手机将秋天的美景拍摄下来向大家进行介绍(见图3-23)。

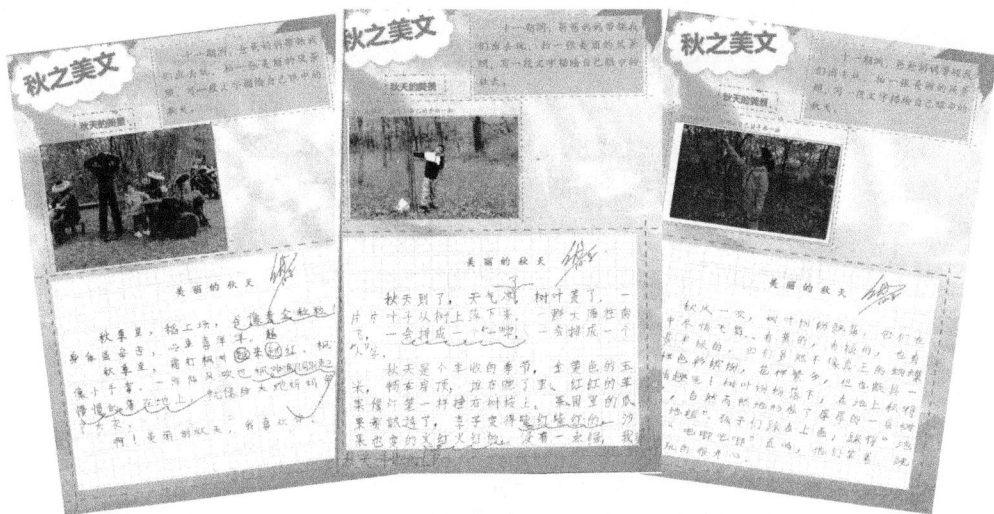

图 3-23 秋之美文

(6)秋之收获

回顾七天的假期，学生一定有很多收获。因此，我设计了这个板块，目的是带领学生进行回顾和总结，这也是学习必不可少的环节(见图 3-24)。

图 3-24 "十一"特色作业"秋之收获"展示

从学生丰富多彩的学习成果中不难看出，他们这个假期收获颇丰。每年的节假日我都会布置这样的"特色作业"，将各学科的学习融会贯通，用于生活实践中去，这样就能形成"学习—实践—总结、反思、发现不足—再学习"的良性循环，让学生在感受到知识具有实用价值的同时，也激发他们的求知欲，学会学习。

语文的学习经常会和其他学科相关联。例如，统编版小学语文四年级上册第三单元的习作主题是写观察日记，要求学生进行连续观察，然后用观察日记的方式记录自己的观察收获。为了落实这一学习任务，我设计了如下主题性学习。

第一步：明确要求。明确了本次主题性学习的任务、观察对象、方法，并从观察顺序、日记格式等方面给予指导(见图 3-25)。

写观察日记

第一步 明确要求

　　叶圣陶经过一段时间，了解了爬山虎向上爬的秘密；法布尔观察了很久，终于看到了蟋蟀筑巢的全过程；比安基用日记的形式，记下了燕子筑巢及孵蛋的情况。我们也可以试着进行连续观察，用观察日记记录自己的收获。

一、确定观察对象

　　观察对象可以是植物的生长过程，可以是动物的生活习性，可以是四季的美景，气候的变化……

二、学会观察方法

　　观察时要调动多种感官，眼看、耳听、鼻嗅、嘴尝、手摸，要学会多角度去观察事物，发现事物的特点（大小、形状、颜色）、位置、变化。

三、按照一定顺序观察和写作

　　观察物体要有一定的顺序，可以从物体的颜色、形状、样子入手。还可以按照时间顺序，可以按照由远及近、由近及远、由上到下、由下到上的空间顺序，还可以按照先整体后部分的顺序观察。在写作时，也要按照一定的顺序来写。如果运用比喻拟人等修辞方法就可以让句子更生动，更具体！

四、学会表达情感

　　在观察时，我们总会产生这样或那样的想法，拥有这样或那样的心情。这些心理感受的变化，我们也可以尽情地写在观察日记里。

五、观察日记的格式

　　首先在第一行写上观察时的日期，还要写明当日的天气情况，如下：

　　10 月 3 日　　星期六　　天气 晴

　　然后第二行空两格开始写内容

图 3-25　写观察日记第一步

第二步：观察实践。这一部分是引导学生运用表格记录自己的观察过程。在这一环节要先给出示例，让学生知道该如何进行记录，然后自己也来尝试记录(见图 3-26)。

第二步 观察实践

在观察时要养成记录的好习惯，可以用表格来帮助我们记录。 例：

观察对象	时间	状态	颜色、手感
绿豆发芽	9月30日	将绿豆泡在杯子里，用潮湿的纱布盖住。	绿豆的外壳是绿色的。
	10月1日	绿豆没有动静。	还是绿色的，有些硬。
	10月2日	绿豆没有动静。	仍然是绿色的，有点软了。
	10月3日	绿豆开始膨胀。	外壳颜色变浅。
	10月4日	绿豆破皮，露出小芽。	小芽是乳白色的。
	10月5日	小芽长到一厘米左右。	芽瓣是嫩黄色的。
	10月6日	小芽又长到三厘米左右。	豆瓣的颜色变成黄绿色了。

我也来试一试：

观察对象	时间	观察形状、颜色、变化等写下来
	月 日	
	月 日	
	月 日	
	月 日	

图 3-26 写观察日记第二步

　　第三步：写观察日记。在这一部分首先给出微课"如何写观察日记"的二维码，学生可以用家长的手机扫码观看，进行系统性的学习。为了帮助学生梳理写作思路，又给出了写作提纲，然后留有空间，让学生也来仿照，梳理思路，写一写自己的写作提纲，这也是思维导图的运用(见图 3-27)。

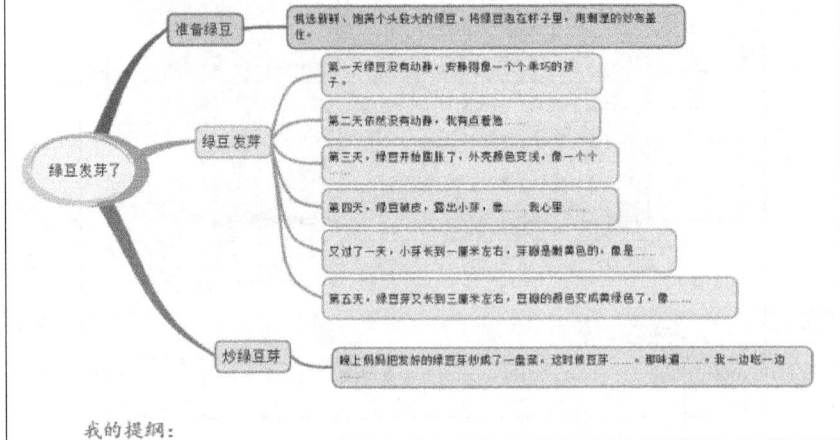

图 3-27　写观察日记第三步

　　学生在写作时经常遇到没有话说，不知道如何表达的现象。为了降低写作难度，帮助学生表达，我又设计了"好词好句""习作例文"这两个板块，为学生提供了写作空间(见图 3-28)。

图 3-28　写观察日记可用到的好词好句、例文

教师应关注学生个体差异和不同的学习需求。就写观察日记而言，经过一阶段连续性的观察学生有了一定收获。这时，可以引导学生将观察过程、结果进行综合梳理，还可以向教师请教其中的科学知识，融合到自己的习作之中，写成一篇完整的习作(见图 3-29)。

第四步 习作

例文：

绿豆变形记

星期四，我从一批绿色的绿豆中精心选了几粒，泡进了装着水的碗里，我心想，小豆子们，好好泡个冷水澡快快生长吧，你们要是没有变化，我可不会轻易让你们出来的。

第二天，早上六点，我起床去看这些小绿豆们，发现它们都膨胀了起来，有的还裂开了一条大大的缝。

下午四点，我迫不及待地跑进我的房间，去瞧瞧我的那些小豆。哦，不，它们已经是大绿豆了，大部分绿豆全发了芽，芽是白色的，形状犹如羊角一般。

第三天下午，我发现绿豆的芽都已经长得白白胖胖的了，最长的有一厘米，而且都变成弯曲的了。

今天一放学，我就跑过去看，哇！真让人吃惊，那颗下午还挺短的豆芽都已经长到二厘米长了，而且它直直地穿过绿色的外壳，简直可以用“高耸入云”来形容。豆芽紧紧地缠住了豆子，有的还毫不客气地缠住了别的豆子上。

晚上，妈妈用这些绿豆芽炒了一盘菜，只见他们软软的躺在盘子里，散发着阵阵香气，好像在向我招手。品尝着这些绿豆芽，清香中带着一丝甜，我心里非常高兴！

我的习作

根据自己的观察日记，写一篇完整的习作

图 3-29　正式写观察日记

当学生习作完成后，教师要给予评价。义务教育语文课程评价要有利于促进学生学习，课程评价应准确反映学生的语文学习水平和学习状况，注重考查学生的语言文字运用能力、思维过程。要根据不同年龄学生的学习特点和不同学段的学习目标选择恰当的评价方式，注重评价主体的多元性与互动性。因此我在后面设置了评价量表，采用自评、互评、师评等模式实现全方位评价。同时还利用班级“人人通”空间设置了相关主题，通过网络将学生的学习成果发布出去，实现运用信息技术多种方式评价(见图 3-30)。

我的观察对象

为自己的观察对象拍一张照片，或者画一幅美丽的图画，粘贴在这里吧！

习作评价表

		"写观察日记"习作评价表	
序号	内容	要　求	星级
1	细致观察	观察细致，文章体现了记录卡上的所有信息	☆
2	富有想象	有观察者当时的想法和心情	☆
3	语言生动	观察对象的变化写得准确、形象	☆
4	语句通顺	语句通顺，无错别字	☆
5	整体精美	附上图画和照片	☆
最终评价	☆ ☆ ☆ ☆ ☆		

我的收获

通过这次习作，我知道观察事物要_____，才能写得_____。不但要_____，还要_____时间。同时，观察不仅要用_____，还要用_____听，用_____。

图 3-30　观察日记的评价部分

　　主题性学习"写观察日记"实现了跨学科学习，体现了多学科知识的综合性运用，实现了在积极的语文实践活动中积累、建构语言，并在真实的语言运用情境中表达的目标。这也是语言运用、思维能力、审美创造的综合体现。

5. 综合性学习案例 >>>>>>>

　　教师要组织有趣味的语文实践活动，在活动中引导学生学习语文，学会合作。学生要结合语文学习，观察大自然，观察社会，用书面或口头方式表达自己的观察所得，并尝试运用文字、表格、统计图、图像、音频等多种媒介丰富表达效果。统编版教材从三年级开始每个年级的下册中都会有一个单元是综合性学习，三年级是"中华传统节日"，四年级是"轻叩诗歌大门"，五年级是"遨游汉字王国"，六年级是"难忘小学生活"。这样的单元自成体系，以活动贯穿始终，以任务驱动的方式带动整个单元的学习。通过这些综合性学习，进一步拓宽学生的学习空间，增加语文实践的机会。这种有具体情境的学习，能让学生将书本知识运用到课外实践活动中，在活动中学语文、用语文，达到全面提升语文素养的目的。下面就以五年级"遨游汉字王国"为例，分享设计方案。

"遨游汉字王国"分为"汉字真有趣"和"我爱你，汉字"两个板块。

(1)活动一：汉字真有趣

第一步，组建活动小组。

运用"智慧课堂"中的"随机点名"功能，电脑随机组建小组。

小组成员互相介绍，根据所长进行分工。

第二步，制订活动计划。

从下面两个方面选择一个主题：搜集字谜，开展猜字谜活动；搜集体现汉字特点的古诗、歇后语、对联、故事等资料，办一次趣味汉字交流会。

第三步，撰写活动计划。

首先，小组进行研讨，大家共同制订，经过研究最后确定本组的计划。其次，按照计划模板，进行梳理。此时的计划可能还不完善，可之后逐步完善。

"汉字真有趣"活动计划模板

活动时间：

活动地点：

活动内容：

活动分工：组长负责主持、协调。组员负责搜集资料、编辑、抄写、画图。

活动过程：

搜集资料。

整理资料。

发布宣传海报。

召开联欢会。

展示交流。

活动总结：

以下为学生计划范例。

趣味汉字联欢会

活动时间：3月28日～4月5日

活动地点：网络空间、小组聊天室。

活动内容：了解丰富而有趣的汉字。

活动分工：范同学为组长。组员毛同学搜集资料，李同学编辑，刘同学负责抄写，蔡同学负责画海报。

活动过程：

一、搜集资料

1. 搜集字谜，自己编写字谜、猜字谜。

2. 查找谐音笑话、谐音歇后语。

3. 搜集有关汉字来历的资料。

二、整理资料

三、发布宣传海报

四、召开联欢会

五、展示交流

1. 主持人宣布联欢会正式开始。

2. 猜字谜比赛。

3. 有趣的谐音字。

4. 趣味对联故事。

活动总结：

1. 交流活动心得。

2. 制成电子小报，在"人人通"空间中发布。

3. 小组代表在班级公布计划。

第四步，搜集资料。

搜集资料的途径主要有以下三种。

查找图书。可以阅读书中给出的材料，从中选择有用的资料；在学校阅览室、图书馆或书店，可以按类别找书。例如，搜集汉字故事，可以到语言类或文化类的书架上去找。提示：图书的书名、目录、内容简介等，能帮助我们大致判断书中是否有自己需要的内容。

网络搜索。在网上搜集资料，关键词很重要。例如，搜集汉字故事，可以检索关键词"汉字故事"，不能仅仅检索"故事"。提示：检索后的条目很多，可以根据题目、显示的内容等，判断哪些是需要的资料。

请教别人。想想谁可能会有自己需要的资料。提示：想好问题，请教合适的人。

第五步，整理资料。

第六步，展示交流。

第七步，活动总结、评价(见表3-1)。

表 3-1 "汉字真有趣"活动评价表

项目	评价标准	小组自评	同学评价	教师评价
制订计划	小组分工明确，计划安排合理。	☆☆ ☆☆☆	☆☆ ☆☆☆	☆☆ ☆☆☆
资料搜集	能运用信息技术搜集资料。能选择恰当的资料，内容丰富。整理规范、完整。	☆☆ ☆☆☆	☆☆ ☆☆☆	☆☆ ☆☆☆
活动发布	海报制作美观，能提前通过网络发布。	☆☆ ☆☆☆	☆☆ ☆☆☆	☆☆ ☆☆☆
展示交流	能运用网络展示，展示形式新颖，展示内容丰富，互动效果好。	☆☆ ☆☆☆	☆☆ ☆☆☆	☆☆ ☆☆☆

(2)活动二：我爱你，汉字

第一步，活动准备。首先，阅读材料，明确任务。回顾上一个活动的过程，总结经验。阅读书中的"活动建议"，明确任务。本次活动，可以从两个方面进行。一是搜集更多的资料，围绕汉字历史、汉字书法或其他感兴趣的与汉字有关的内容，开展简单的研究。二是调查同学的作业本、街头招牌、书籍报刊等，围绕生活中用字不规范的情况，开展简单的研究。其次，制订研究计划(同活动一的制订方式)。

第二步，资料搜集。可以通过网络进行搜集和查找资料，或向他人请教。

第三步，撰写报告。出示研究报告范例，学生自主梳理研究报告格式，如下。

关于"×××"的研究报告

一、问题提出

二、研究方法

1. 网络查找。

2. 查阅书籍和报刊。

3. 向别人请教。

4. 其他方法。

三、资料整理

类别	内容
起因	
内容	
重点	
其他	

四、研究结论

第四步，展示交流。小组代表展示交流研究报告。

第五步，活动总结、评价出示活动评价量表(见表 3-2)，进行点评。

表 3-2 "我爱你，汉字"活动评价表

项目	评价标准	同学评价	教师评价
小组活动	分工明确，合作愉快。	☆☆☆☆☆	☆☆☆☆☆
	时间安排合理，完成效果好。	☆☆☆☆☆	☆☆☆☆☆
	活动计划完善，落实到位。	☆☆☆☆☆	☆☆☆☆☆
资料搜集	能运用恰当的方式进行搜集。	☆☆☆☆☆	☆☆☆☆☆
	资料丰富，记录清晰。	☆☆☆☆☆	☆☆☆☆☆
研究报告	格式正确，阐述清楚。	☆☆☆☆☆	☆☆☆☆☆
	分析得当，结论严谨。	☆☆☆☆☆	☆☆☆☆☆
展示交流	有自己小组的网络交流空间。	☆☆☆☆☆	☆☆☆☆☆
	能提前发布活动。	☆☆☆☆☆	☆☆☆☆☆
	积极进行展示交流，有互动。	☆☆☆☆☆	☆☆☆☆☆

第四章
网络课堂篇

　　网络教学已经走进千家万户，线上学习不再是陌生事物。线上线下的混合教学模式逐渐常态化，被学生和家长所接受。如何开展网络教学，如何构建网络课程？这一章中阐述了我是如何运用极简教育技术，创办网络公益直播间"豆课堂"的。从网络课堂的构建到网络教学各环节的实施，为大家提供了操作指导。

　　网络课堂就是依托互联网技术开展在线远程授课的教学方式。它主要由网络授课平台、教学资源、教学内容、在线测试、评价等组成。

一 走进小学语文网络课堂

1. 网络课堂的产生背景 >>>>>>>

早在 2008 年，加拿大的两位教授邀请了 25 名大学生和来自世界各地的 2 300 名参与者，共同听讲一门课程，于是有了慕课(MOOC)，这是最早的网络课堂。网络课堂的出现给教师和学生的学习带来很多的便利，但也备受争议，并没有得到大面积的使用和推广，直到 2020 年这一情况才有了巨大改变。网络课堂迅速发展，学校、教师、学生、家长全部加入进来。有的人选择了原本是用于远程会议的平台，如"腾讯会议"进行授课；有的人选择了原本是用于企业远程办公的平台，如"钉钉"，开直播课堂；有的人则选择原本是用于娱乐的平台，如"抖音""快手"组织学生学习；有的人则借助电视、广播等传统媒体开班授课；还有的人选择了"CCtalk"这种教育平台进行授课。

2. 网络课堂的重要意义 >>>>>>>

一种新型的教育模式正在酝酿着。班级授课制变为地区授课制，有的地区组织优秀教师通过网络统一授课，班级教师开展答疑、辅导，通过网络空间交流、展示学习成果。学习内容在悄悄改变，主题性学习、项目式学习、跨学科学习，让学科之间的界限正在被打破。学习方式在改变，学习任务单、导学案的使用，交流、学习社群的建立，让学习更加自由，选择更加多样。在这场变革中，未来学校的雏形初现。未来学校的主角将是"网络课堂"，在信息技术的不断完善下，未来的网络课堂将在人工智能的助力下，有着以下的优势：一是优质资源的高度聚合；二是互联网教育本身的优势——灵活性；三是大数据的应用将使教学更为精准化。学习者按照自己的学习需求，安排自己的学习时间，选择自己感兴趣的学习内容，选择自己喜欢的导师。通过积分制、晋级制、成果展示等更加科学的方式进行评价，打破一考定终身。让学习更加个性化，甚至可以定制化。

3. 网络课堂和网络课程的关系 >>>>>>>

有了网络课堂，还要有与之相对应的课程。网络课程不同于传统课程，在线教育环境中教师和学生都处于分离的状态，所以在构建网络课程时，在内容选择、教学流程、教学活动上都充分考虑到这一点。同一个网络课堂里，可以有多门课程的设置。可以说，一个网络课堂就相当于一所学校，这个学校的课程又不局限于传统教学中的课程，可以发挥网络的优势，从生活中选材、从实践中选材，从人成长的角度选材去构建课程内容，因此网络课堂有着不可取代的优势。

4. 网络教学平台的选择 >>>>>>>

(1)主流网络教学平台介绍

要想开展基于网络的教学活动，一定要有合适的平台，目前有很多在线教育都对教师免费开放，像"钉钉""希沃""云课堂""雨课堂"等。除了这些专业做教与学的平台，还有很多平台也适合开展直播活动，像"抖音""快手"等，都能支持影像和声音的传输。

(2)网络直播平台的选择标准

我们在选择平台时，一要看平台能否支持教师教学的一般要求，要能播放PPT、音频、视频，支持摄像头的开启可以上线互动，可以上传资料，最好还能将教师研修过程录制下来。二要看平台所支持的流量够不够大，否则后期人数一多出现卡顿，会影响使用效果。三要看参与者是否方便参与，如果一个平台，使用者注册手续过于复杂，参与者进入层层门槛，就会让很多人望而却步。

在选择直播平台上，还要选择那些带有互动功能的直播平台，因为学生自控能力差，如果只是收看，单向输入，没有交流，时间一久，就会产生厌烦情绪，觉得枯燥无味。

依据这些条件进行筛选，我选择了"CCtalk"。这是个比较成熟的平台，除了以上所讲的功能，还是一个开放的平台，扫一扫二维码、点击链接，不用下载安装就可以进去收看。如果用微信或者QQ注册之后，还能上麦举手交流；如果错过了直播时间还可以看回放，这样学习时间更加灵活。

5. 网络课堂的开播准备 >>>>>>>

(1)网络课堂的硬件准备

开展网络直播课堂，首先需要一台终端设备，或是笔记本电脑，或是台式电脑，或是手机，然后需要有网络接入。笔记本电脑比台式机方便，因为台式电脑需要配置麦克、摄像头等影音输入设备，笔记本一般都是自带摄像头，可以支持语音输入。

在网络方面，大多数网络直播平台带宽在 80M～100M 基本上就能无卡顿，大多数地区都已经实现光纤入户，这个要求基本都能满足。需要注意的是，有线接入比无线网络稳定，因此，用笔记本电脑或者台式电脑比用手机效果好。

在直播场地方面，要求光线明亮，没有噪声，背景美观，如果想要效果更好，还可以配备一个补光灯，配备一个专业麦克风，那样就更加专业了。

(2)网络课堂的软件准备

网络直播课和传统课堂相比最大的优势就是资源丰富。教师可以运用一切资源去丰富自己的教学内容，制作出有画面、有声音、有小视频、有动态演示的课件来。网络教师可以动用一切媒介来创设情境、演示细微之处。例如，实验的操作步骤，手工制作的分解演示，数学的画图讲解，每个在屏幕前的学生都可以清楚地看到，在这一点是传统课堂无法比拟的。因此教师在课前准备课件时，不一定都是 PPT，还可以录制一些演示的小视频，准备一些实物。但切忌课件中的内容过多、过于花哨。例如，PPT 背景有可爱的卡通形象，这会转移学生的注意力，反而忽视教学内容；有的单页 PPT 文字过多，学生还没有充分阅读就切换了。因此，在授课资源准备时要遵循：简单、明了、授课内容突出。

(3)如何入驻网络直播平台

选择好适合自己的直播平台后，首先要下载相关软件，然后进行注册，注册方式可以选择自己常用的微信号等进行关联登录，这样不容易忘记。有的直播平台要求注册者提供教师资格证方可开课，大家不妨提前准备好。

下面以"CCtalk"为例给大家讲解如何注册和入驻。"CCtalk"有手机版、Windows 版、Mac 版，使用者可以根据自己的需求进行下载。下载并安装好软件，可以用自己的微信号等进行注册、登录。接着需在网页上登录，进行"网师入驻"。使用者只需要点击主页上方的"我是网师"按照上面的栏目进行填写即可。入驻人持有教师资格证的话可以免费入驻，将教师资格证拍照上传即可。接下来就可以建立属于自己的直播间了。方法很简单，登录软件，打开直播间，点击左上角"＋"号，选择直播间的类型，有付费课和公开课两种，选好后按要求填写资料，并选取一张图片作为直播间的封面。这样一个直播间就建立好了。直播间建立好之后，就可以建立"课程"。课程相当于学校里的分科，课程之下有"课时"，"课时"就相当于学校中的课节。一个直播间，同一课程下，同一个时间只能上一个课时，也就是只能开播一节课。

上直播课前要准备好课件。直播间一般都支持播放 PPT 和 PDF 两种格式的课件。需要注意的是，直播间目前还不能支持播放 PPT 课件中的链接和动画效果，有时通过直播间打开课件会和原有文件有所不同，所以最好转成 PDF 格式的课件。如果授课时必须用到一些动画效果，那就需要选择"屏幕分享"来进行课件播放。音频和视频大多数的直播间都可以进行播放，打开的方式可能会有不同。CCtalk 直播间可以播放 PPT 课件、视频、音频、文档，还有白板功能、随堂练习功能，是比较专业的授课直播平台。直播间互动连麦功能也是授课时比较实用的。连麦的方式有两种形式：一是由授课教师主动连麦学生；二是由有需要的学生主动连麦教师。这个功能既方便教学时进行互动，又方便教师随时掌握学生的听课状态。关于学生参与数据，有的直播间是点名功能，有的是签到功能，有的会提供参与人员的名单，这些数据有利于教师对学生的评价。

网络直播平台的建立和使用都不难，只要不断尝试就会越用越熟练。直播平台没有好坏之分，只有熟悉与陌生的区别，所以要选择自己和学生、家长都熟悉的平台。一线教师可以根据自己的需求选择一个合适的平台，然后注册、入驻，坚持用下去。

二 小学语文网络课堂的构建

现今网络课程已不再陌生，很多教师都积累了大量的经验。我的"豆课堂"成立于 2018 年 12 月 25 日，共有 5 种课程，157 节课，播放次数超过 15 万。网络课堂正在发挥它的巨大影响力，一根网线，连接着千万学生和家长，让素不相识的教师和学生走到一起学习、研究、交流。网络课堂和传统课堂教学不同，要想搭建学生喜欢的课程体系，首先要了解网络授课的几种模式。

1. 小学语文网络课堂的授课模式 >>>>>>>

(1)讲授式

讲授式就是以主讲教师讲授为主，可以是直播，也可以是录播。如果是直播，可以适当连麦让学生回答问题。这种方式比较简单，操作起来也较容易。但容易上成一味地灌输，会让学生感到索然无味。因为是远程教学，教师和学生中间隔着网络，有着现实中的距离，如果只采用这种方式，听课效果无法掌握，就会直接影响学习效果。

(2)演示式

在教学中教师可以根据需要利用网络向学生演示各种教学信息，如传统课堂中的板书、图片、模型。还可以运用信息技术的优势进行各种场面的模拟演示，超越空间、时间限制的演示，如在学习植物的文章时播放植物生长的短视频。在指导习作《一次有趣的小实验》时，采用 3D 画面演示实验过程……这些演示，学生将通过网络观看，看不明白还可以暂停、反复观看，这是在传统课堂中无法实现的。

(3)翻转式

网络直播课不一定都是教师讲，学生听。时机成熟时还可以让学生成为"小老师"轮流上来讲课，这样会大大激发他们的学习主动性。像"王子微课"在每年寒暑假组织的"小老师"活动已经开展了 6 年，每年参加人数都过万。笔者也曾试过在寒暑假让学生来做"小老师"，主讲的学生通过查找资料对所学内容理解的更深，体验了教师准备一节网课的不容易，之后会更认真的参与其中。其他同学因为好奇想知道自己的同学讲得怎么样，参与度也提高了不少。

（4）外援式

网络直播间授课有时还可以根据情况请"外援"。互联网的普及，消除了地域距离。如开展读书活动，可以请知名作家通过直播间在家里和学生互动聊天。笔者的直播间里，有研究心理学的博士为家长们讲孩子如果"注意力分散症"该怎样在家训练；有知名作家窦晶和孩子们共同读书；有信息技术专家为教师讲 PPT 的制作；还请来过朱永新教授、汤敏博士跟教师一起畅谈。这些在传统课堂中都是很难实现的。

（5）混合式

网络授课模式不应是单一的，应该结合授课内容、参与者的情况随时进行调节。在需要教师讲解时，用讲授式；在需要演示时，用演示式；在需要学生分享时，运用翻转式；在需要专家指导时，我们可以请来外援。总之要多种方式并举，根据授课情况进行灵活运用，这样的课堂才是充满趣味的，吸引人参与的。

2. 小学语文网络课堂的教学流程 >>>>>>>

网络直播课要想达到实效，管理一定要跟得上，课前的发布预告、微信推广，课上的切麦、互动，课后的打卡、作业，都需要有专人负责。有的直播间采用助教制，1 位主讲教师，1～2 位助教，助教负责开播前的预热，开播中的学生言论管理，课后负责统计打卡情况，整理作业。

（1）提前发布预告

每次网络授课都要提前发布预告。预告的画面可以从 PPT 课件中截图，上面要清晰地标明直播的时间、链接、参与方式、直播时长等信息，这样方便大家提前安排时间。预告链接生成后，负责人可以通过微信朋友圈、微信群等进行微推，想参与学习的人通过这个链接就可以进入学习。通过链接还可以在手机中下载 CCtalk 的 App 端，注册后加入课程，这样下次即使没有链接也能听课。提前发布预告的时间和直播的时间不宜太久，时间久了，人们就容易忘掉；也不宜过近，太接近直播时间，想参与的没有充足的时间做准备，就可能错过直播。一般晚上直播，在当天上午发布就可以，早上直播，在头一天发布就可以。发布预告时，各项准备就应该已经完成，如果有条件，还要进行试播。提前试播，既可以让主讲教师熟悉直播间的使用，又可以让主讲教师缓解紧张的情绪。成熟的网络教学直播间，还可以根据课程和课时的安排拟定课程表，将课程表提前发布，这样更有利于大家的参与。

（2）直播前的暖场

直播前的暖场就是在开播前提前打开直播间，让参与者和主讲者有个准备的时间。正式直播时，负责人要至少要提前 15 分钟打开直播间进行暖场，如果已经开展直播一段时间了，参与者已经固定，养成习惯了，暖场时间可以缩短至 5 分钟。暖场的时候可以轮流朗读诗歌，增加参与度；可以是上节课的学习总结，然后提出这节课的学习要求，为接下来的学习做准备；还可以是聊天，有情感上的交流……暖场的形式多样，主要是为接下来的学习做铺垫的，所以不宜过长，如果只有一个人既要负责主讲又要负责暖场，那就可以播放点轻松的音乐，这样能缓解紧张的心理，自然进入讲授。

（3）小学语文网络教学的环节

导入新课，发布学习任务单。让参与学习的学生明确本节课的学习目标，带着任务去学习，这样的学习活动有明确的目的性，学习效率更高，学习效果也就更好。

整体感知全文。在这一个环节，教师可以采用多种方式进行。如果教师本身声音甜美，朗读水平高，就可以采用教师示范朗读；如果为了鼓励学生课前预习，可以每天安排一个学生进行示范朗读；如果这篇课文适合演一演，就可以分角色朗读……这个环节不可缺少，学生通过这个环节对整篇课文有所了解。

基础知识学习。对于低年级来说，这个环节要进行字、词的整体学习，因为只有读准字音，才能扫除学习障碍，进行接下来的学习。教师可以借助网络的优势，对难以掌握的字进行动态演示；对于难以区分的字，进行对比；借助声音、画面可以进行随文识字、集中识字的切换。高年级在这个环节中可以用课件进行游戏化的字、词检测，这能增添趣味性，增加互动，吸引学生主动参与学习。

重点内容学习。语文课一般分为两课时，第一课时以学习字词，理清脉络为主，可以让低年级学生说一说这篇课文主要讲了什么内容；可以试着让中年级学生划分段落，理清作者的写作思路；可以试着让高年级学生自己来梳理，用思维导图的方式呈现文章的写作思路。第二课时主要用于篇章的学习，作者在写法和表达上有什么值得学习之处，要师生一起来研究分析、学习。

整体回顾。在授课进入尾声时，需要对这节课内容进行回顾。形式可以是多样的，可以是列提纲的方式，可以是思维导图方式，可以是总结性的语言，可以是再次朗读全文，还可以尝试让学生用一两句话谈一谈学习收获，以此来总结。

当然，以上环节并不是一成不变的，小学语文的课型不同，教学环节也就不同。如果是讲授习作，教学环节可以是：回顾课文—分析文题—选材指导—例文赏析—习作展示，若有关于习作的微课，还可以在指导的环节中添加一个"习作微课"环节。如果是复习课可以按照："字词—句子—阅读—习作"这样的环节进行。如果是综合实践活动课，则可以分为"活动前的指导—活动中的点评—活动后的展示"等环节。

(4)小学语文网络学习成果的呈现方式

开展线上教学还要有学习成果的展示空间,否则就会成了上课热热闹闹,下课云消雾散。如何让学习成果的展示更加方便,更加快捷呢?可以借助前文介绍过的微信里的小程序"小打卡"来完成。教师建立好打卡圈后,家长用手机扫描二维码加入班级圈就可以使用。学习成果的内容可以是文字,可以是图片,也可以是音频、视频,鼓励学生采用多种方式进行展示,这样有别于传统作业,学生才会更感兴趣,还能增加网络课程的黏性。学生可以将书写的作业拍照上传,可以将背诵的课文录制成音频上传。教师还可以运用"小打卡"的数据统计功能,每天查看有多少人打卡,每个人打卡情况。教师可以将优秀的作品设置"置顶",同学间还可以点赞。这样的展示让学生有了对比,有了可供参照、学习的样例。通过这种学习成果的展示还能形成学习圈。一旦有了学习圈,学生之间能互相督促,大家在一起学习,会产生集体认同感。这会让学生更加努力学习,并克服所遇到的困难。

三

小学语文网络课堂的教学策略

小学语文网络课堂的搭建为学生的学习带来了方便，让学生有了更多选择，但由于教师的信息技术和教学水平不一，因此不能全都采用网络直播的方式开展教学，有相当一部分教师希望借助网络，组织学生进行学习，还有的教师希望让学生通过电视课堂里的优质课程学习新课，用网络直播间进行辅导，这都是可以的，因为网络课堂有无限种组合，只要我们掌握网络课堂的教学策略，就能上好网络课。

1. 巧用极简教育技术，吸引学生参与学习　>>>>>>>

教育部门为学生提供了很多优质的电子资源：国家教育资源公共服务平台就提供1～12年的全部课程，有讲授，有习题，有眼保健操，有课间活动；中国教育电视台为全国小学生提供了直播课程；各省的教育资源公共服务平台也开始陆续为当地学生提供学习资源。有了这些丰富的资源是不是就不需要教师做什么了，只要把链接发给学生就可以了呢？答案是否定的。学生年龄小，自制力弱，如果没有教师的组织和管理，学习时间就得不到保证，遇到问题就无法解决。面对这些资源，学生如何选择是最合理的，选择哪些平台的课程是最合适的，这都需要教师的引导。

(1)精选资源，让学习不再盲目

资源虽多，但不一定适合所有学生。例如，有的学科教材版本有很多，就数学而言，国家教育资源公共服务平台提供的课程是"人教版"，而有的地方使用的是"北师大版"，有的地方使用的是"苏教版"，还有的地方使用的是"沪教版"。因此"云平台"中所提供的课程资源就无法满足各地的需求。各省提供的资源也不能满足所有地区，城乡之间的差距，优质校和薄弱校的差异，这些点都需要教师去考虑、去筛选。因此教师要从众多资源中选择适合自己班级学生学习情况的资源，毕竟最了解学生需要的学习资源的是教师。

(2)整合资源，让学习提高效率

挑选资源是第一步，第二步就要把这些资源合理组合，形成自己班级的课程表。可以是一所学校整合出一套网络教学课表，里面有学科知识的学习，有实践活动指导，有科学常识的普及，还有心理辅导的栏目。只有这样才能对学生学习形成有效的引导，才能打通网络、电视等媒体和学生之间的"任督二脉"，使学生喜欢上学习的内容，产生学习的欲望。

(3)善用资源，让学习形成闭环

只学习，没有适当辅导和练习，知识就无法得到巩固。有的学生接受能力弱，光听线上教师讲，但学不会怎么办？这时就需要教师善于利用资源，查缺补漏，让学习无死角。可以这样安排，固定一个时间在网上集中学习，再固定一个时间进行答疑、辅导，然后带领学生通过在线测试、习题发放等方式巩固复习。从中发现问题，进行再次讲解，布置第二节课的预习。线上学习最大的弊端就是师生分离，学生通过网络学习不但缺乏自觉性，有时还会觉得孤单，产生焦虑。所以直播课优于录播课，教师出镜优于不出镜，有互动连麦优于没有互动，学生通过直播间看到教师，听到教师亲切的声音，会对学习内容更感兴趣。教师要善于利用网络资源组织和管理学生，从教，到辅导，到课后测试，做到全流程使用，避免学生无所事事，沉迷于游戏之中。

2. 妙用极简教育技术，启发学生主动思考 　　>>>>>>>>

网络课堂的一大优势就是打破时间和空间的限制，教师可以充分利用这一点，进行各种尝试。

(1)情境化演示，使学生身临其境

情境化演示是指在教学过程中，教师有目的地引入或创设场景，将学生带入作者描写的情境之中进行体验，从而产生共鸣，这能帮助学生理解教材，使学生的心理机能得到发展。如在讲授《荷花》一课时，播放有关荷花池的视频，让学生先感受到荷花之美，再看看作者是怎样描写的，这就更容易理解作者对荷花的喜爱之情了。

(2)虚拟化演示，打破空间局限性

有很多课文的描写离学生的生活实际较远，学生不熟悉；有的描写年代较远，学生无法体会当时作者的情感；还有的是现实生活当中不存在的，是作者虚构出来的，学生在理解时也是有一定困难的。随着信息技术的发展，这些都可以借助技术来解决。如在讲授《飞向蓝天的恐龙》时，学生很好奇恐龙是什么样的，但在实际生活当中却无法接触得到。这时教师可以播放立体虚拟恐龙影像，让学生观看。在讲授《窃读记》时可以播放《城南旧事》的片段，让学生体会那个时代

"书"对作者小时候的重要性。

（3）游戏化演示，为学习增添趣味

游戏化学习能增添学生的学习兴趣，提高学习参与度，借助多媒体课件的交互性，教师可以进行大胆尝试。如认读游戏、连线游戏、拖拽游戏……有条件的还可以让学生参与设计游戏，而设计过程就是对知识的梳理巩固。

3. 利用极简教育技术，确保学生学习效果 >>>>>>>

网络课堂最大的局限性就是师生之间的互动不够充分，为了突破这一困境，教师不妨在设计时就充分考虑互动点，运用多种方法鼓励学生互动。

（1）随机连麦，确保学生注意力

直播间大都有以下几个区域：主讲教师画面，课件展示画面，讨论区画面，参与成员列表。为了提高所有学习者的注意力，主讲教师可以充分利用成员列表，随机挑选听课者连麦回答一些小问题或者读课文中的句子，这有点类似线下课堂中的随机点名。通过这种方式，提醒学生注意听讲。

（2）举手上麦，答疑解难小帮手

，学生之所以不喜欢网络课堂，是因为单纯传授太"枯燥"。平时的授课中，教师都要想方设法为学生创设情境，设置一些有趣的小游戏，现在只靠电视和网络上的教授，怎么能不让学生索然无味呢？为了破解这一点，教师可以利用"举手"这一功能，化被动为主动，让学生有准备地连麦。例如，教师化身主持人，带着学生玩闯关游戏。一路通关的学生，教师为其制作电子奖状，在线颁奖并发"勋章"，让学习变得趣味横生，只有这样我们才能跟那些电脑游戏争夺"生源"。

（3）随堂测试，检验学习效果的利器

线下学习一般每隔一个阶段，就要进行测试，这是对学生学习效果的检验。线上学习如果没有测试，就无法全面了解学生对知识的掌握程度。因此选用在线测试平台进行在线测试是必不可少的。教师可根据授课情况进行组卷，设置答题次数。因为是无纸化的测试，所以有别于线下测试只能答一次，可以设置为多次，然后从中选取最高分计入个人成绩。其实测试的目的不是分数，而是检验学生在这一阶段的学习中是否有遗漏，督促他们进行复习。这种反复答题的模式，无疑是对所学内容进行了再次复习。多次答卷中可以提交成绩最高的分数，这又大大增强了学生的学习自信心。

4. 善用极简教育技术，让网络教学更精准 >>>>>>>

习近平总书记早在 2015 年第二届世界互联网大会开幕式上就强调"中国正在

实施'互联网＋'行动计划"，吹响了推进"数字中国"建设的号角。"数字化、网络化、可视化、智能化"的教学方式正在迅速得到发展，这也让"数据"的搜集、整理、运用显得格外重要。

(1)运用数据，充分了解学习情况

传统教学中，教师在进行教学设计时，都是从"教"的角度去进行，将那些运用多种修辞方法，描写优美的段落作为重点，而那些理解有难度的地方作为难点。很少有从"学"的角度进行设计，因为运用传统的纸质问卷调查起来要花费大量精力，最终形成数据费时费力，只能偶尔为之。所以就无法经常性地了解学生会有什么问题，他们最喜欢哪部分的描写。现在不同了，有了信息技术的助力，大数据的搜集、整理变得方便快捷，教师完全可以依托信息技术的优势来进行数据搜集，更加充分地了解学情。例如，运用"在线收集表"设计学前调查问卷，将链接发送给学生，学生用手中的电子书包，进行在线填写：选出自己最喜欢的段落，自己认为最难的句子，写出自己最想了解的知识点；还可以在填空中写下自己对这篇文章的疑问。由于不用当众表达，不用面对众人关注的目光，这种在线调查较传统的"询问"，更容易掌握学生的真实想法和真实需求。

(2)运用数据，准确把握教学内容

运用信息技术进行调查，还有一个最大的优势，就是能快速呈现调查结果，当学生填写完"腾讯在线收集表"后，数据很快就能自动呈现给授课教师，这些数据能让授课教师迅速掌握学情，然后以此为依据进行教学内容的选择和调整。例如，在执教《荷花》进行学前调查后，我了解到学生有一多半没有亲自看过"白荷花"，于是就在导入的环节中增加一段白荷花的录像，拉近学生与文本间的距离；调查数据还反映出，学生最喜欢的段落是第四自然段——作者想象自己变成白荷花的描写，这和传统教学中把第三自然段作为教学重点的定位有一定出入。依据这个数据，我对自己的教学设计进行了调整，将三、四自然段列为教学的重点。通过调查还发现，以往的教学中认为学生在"一边读一边想象"和"仿照课文描写植物"会有一定困难，但调查的数据呈现，学生认为文章中的修辞方法最难掌握，希望教师在比喻句和拟人句的区分中给予指导，于是我就加入了这方面的教学内容。这就是大数据对教学内容的指导作用，有了数据作为依据，就能精准定位自己的教学内容，适当地做出增减。

(3)运用数据，及时进行学习评价

小学语文教学中对学生评价的方式，也一直是困扰教师的一个问题。以课堂发言为例，低年级的学生都想发言，教师点名的频率和单人被教师叫到的次数，有时甚至会成为家长和教师的矛盾点。到了高年级，学生则不愿回答问题，甚至害怕被教师点名发言。其实，运用信息技术可以完美破解这一难题。例如，在执教《荷花》一课时，就选择了一款叫"随机点名"的小程序。首先，运用电脑点名确保了每个学生都能获得被评价的机会。其次，使用方便。这款"随机点名"是内嵌在"智慧课堂"在线平台中，由"教育资源公共服务平台"免费提供的一款用于课堂教学终端的软件。教师只要提前将全班学生的姓名导入，就可以使用。使用过程中教师还可以根据需要，细分为"随机点名""小组内随机点名""随机抽取小组"等功能，使用时只要打开点击即可。最后，减少人为干扰。运用"随机点名"改变了过去的学生举手发言，教师点名的方式，避免了教师只关注少数学生的问题，解决了传统课堂中部分家长担心的自己孩子不发言或发言机会少的问题。由于使用了"随机点名"这个工具，学生的注意力还明显得到了提高。借助信息技术分析的大数据，还可以为每个学生的课堂表现给予相应分数，有了大数据帮忙，让学生的评价更加科学，更加精准。

小学语文网络课堂的发展趋势

随着网络课堂的应用范围越来越广，教师深知它已不单单是学校教学的补充，它在很多方面有难以替代的优势。那么教师应如何使用好网络课堂，发挥其最大效果？小学语文网络课堂又该怎么继续发展下去呢？我想下面几个案例可以给教师带来启发。

1. 优秀网络课堂介绍　>>>>>>>>

(1) 走融合之路的"豆课堂"

"豆课堂"成立于 2018 年 12 月 25 日，共有五个课程。

一是面向一线教师的"小豆苗课堂"，以研究信息技术与学科融合为主。每两周直播一次，共有 28 课时。

二是面向家长的"小豆花课堂"，关注热点家庭教育问题。每两周直播一次，共有 20 课时。

三是面向学生的"小豆芽课堂"，以讲授习作、练笔、口语交际为主。每周直播一次，共有 69 课时。

四是针对特殊时期，面向三年级学生的"语文小课堂"，共计 74 课时。

五是面向"窦继红工作室"成员，用于教研的"网络教研空间"，共有 4 课时。截止到 2021 年 3 月，点击率超过 20 万。

"豆课堂"从开播之日就努力打造一个受学生、家长、教师喜欢的网络学习空间。在课程的选择上以学生、家长、教师关注的热点问题为主，力求突破学生学习难点，解决家庭教育热点问题，为一线教师提供一个教研空间。每个课时的设计充分考虑听课者的感受，如上文提到的"语文小课堂"，就是考虑到学生年龄小，就从直播课画面上下功夫：运用不同风格的 PPT 模板，根据不同的课进行搭配，讲古诗就用中国风模板，讲《燕子》就用春天的模板，讲《昆虫备忘录》就用卡通模板，让每个画面都充满美感。为了吸引学生，"豆课堂"的教师用 YY 开播软件在直播过程中添加音效、卡通头饰，置换场景。其次，从课程结构上下功夫，在"语文小课堂"中每天都有点歌，有晨读，有书法小课堂，有广播体操、眼保健操，有课文讲授，有作业布置，优秀作业点评。在课时构建上，有课文学习，语文园地讲授，单元复习，线上测试等。在直播间里大家可以为同学、教师、家人点歌，在课间休息时播放；有同学过生日了，大家一起来为他庆祝；有同学自己在家不开心，我会带领其他同学一起为他加油；在晨读中我们可以谈自己的梦想和自己的爱好。这些丰富多彩的课程让直播间有了温度，有了爱。

针对"学生习作难"这一教学难点设立的"小豆芽课堂"自 2019 年开播后，汇集了来自全国数十位优秀教师的力量，每周六 18 点准时开始直播。所讲授的课程与部编版小学语文教材同步，如二年级有写话、口语交际课型，三年级涵盖习作、小练笔、口语交际课型。每课都有"单元回顾、习作指导、微课时间、优秀例文、习作展示"板块。

（2）专注阅读的"彩虹花和阅课"

"彩虹花和阅课"是 2015 年 11 月 17 日，由时朝莉老师发起创建的公益网络课堂。它汇集晨读、童书阅读、数学阅读、英语阅读、民俗阅读、艺术阅读、创意写作等，形成一整套网络课程。"彩虹花和阅课"共有 1 200 余节公益阅读推广直播课，课程辐射全国 30 多个省市，5 000 多个班级，课程点击量以班级为单位超过 60 万次；培训阅读教师 2 万余人，项目累计受益教师人数达 10 万余人。项目助力了乡村教师素养的提升，帮助学生提升了阅读兴趣与核心素养，成为公益阅读推广届的一面新旗帜。它的课程设置如下。

晨读课程：分为低段晨读和高段晨读。低段课程适合 1～3 年级学生，高段课程适合 4～6 年级及初中学生。每次 20 分钟的晨诵，针对不同年龄阶段的学生，精心选择合宜的诗歌。通过形式多样的诵读，让学生感受母语的魅力，积淀丰厚的学养。

阅读课程：分为低年级绘本课程、中高年级整本书课程。低年级的课程会选择适合此年龄段的绘本，开展多种形式的阅读活动，激发阅读兴趣，引领他们去欣赏、感知画面的美，并透过画面和文字去感受它们要传递的力量，读懂蕴含其中的道理，以获得心灵的滋养和生命的成长。在此过程中，让他们初步学习正确的阅读方法，培养观察力、逻辑思维能力，提高语言表达能力。中高年级的整本书课程秉承"彩虹花"的分享理念，将优质图书带到学生面前。授课过程中，会从主题构造，以及语言品读等层面来进行文本梳理，教给学生阅读的方法。课后会布置相应作业，让学生有思有得。提升学生的阅读思考力，催生学生的个性表达力。

创意写作课程：低年级为童诗写作，中高年级围绕小学生写作这一主题，结合经典童书赏析，通过不同角度的线上课程及相关的小打卡练习，引领学生学会观察、体验、思考，激发兴趣、启发思路、鼓励创意、树立自信。

好玩的数学课程：数学课程以培养学生对数学方面的热情和兴趣为目的，让学生感受数学的魅力，体会数学的价值。品数学之美，感思维之广，享数学之趣。妙趣横生的课会让学生感受到数学的魅力，体验到数学与生活的联系，从而轻轻松松打开数学之门。

英语阅读课程：通过自然拼读解决学习英语的"拦路虎"——生词。课程通过穿插视频、短文生动有趣地带动学生从英语素材中寻找、总结出拼读规律，再不断实践运用。结合歌谣、短文的形式，带动学生寻找拼读规则，进而带动学生阅读简单绘本，猜读生词，最终不依赖教师去享受绘本。整个课程安排循序渐进，跟着阶梯逐步引入更复杂的规律，但同时又带有自然语言本身天然的纷乱，给学生真实语言环境的体验，也给他们发挥能力的机会。

河南乡土艺术课程："一针一线总关情"课程，用新颖的手工制作方式向学生讲授、详解 16 种传统民俗的具体形象，带领学生手工制作，从自己的亲身实践中体会每个民俗到底是什么、又有哪些特征、整体的寓意是什么等。具有较强的操作性，生动又有趣，让学生真实、直观地了解传统民俗，感受民俗的无限魅力。

"彩虹花和阅课"还有"故事里的博物馆""中国梦讲给孩子听"等很多特色课程。

创办人时朝莉老师因此被评为"中国青少年发展基金会公益导师""阅读改变中国"2015 年度点灯人。这个课程有很多优秀教师参与，有"2017 年度马云乡村教师"获得者王菲、王艳着，有"河南省小学数学学术带头人"范苇等教师；有知名儿童文学作家王钢；有热心教育的课程规划师兰岚。大家一起汇集在"彩虹花和阅课"汇聚爱，创造美，传递光。用温柔而悉心的陪伴，带给学生温润而美好的课程。

(3)来自生活的"生命知疫"课

如何将生命教育转化为学生喜闻乐见的课程，成为价值引领和素养转化的有力抓手？"新教育"在第一时间追问，并发出召唤。特殊时刻，在朱永新老师的引领下，"生命知疫"系列课程展现在人们面前，它是由新教育研究院新生命教育研究所、翼起来游学研究所、彩虹花和阅汇、沪江互加计划、贞元新教育卓越课程研究院、鲜榨喜剧、苏州半书房这 7 个单位，60 多名不同领域的专家学者参与的小学生综合网络实践课程。彩虹花和阅汇联合了社会各界力量：著名儿童文学作家、健康领域的医学专家、课程研发专家、哲学教育专家、课程评估专家等汇聚成一个志愿者团队，合力完成了一套特殊的"生命知疫"综合网络生命教育实践课程。

这是一套真正属于学生的课程：紧贴现实的内容，每时每刻的互动，故事、游戏的乐趣，任务选择的自由。"生命知疫"这门课程不同于传统的线下课程，也不同于一般的网络课程，它综合了哲学、心理学、艺术(音乐、美术)、科学、生物学等学科，内容涵盖了病毒、传染病、动物、人类、生命、自然，以及人类的自我管理与沟通。课程包括三个内容六个主题，分别指向生命的长度、宽度和高度。课程从 2020 年 3 月 15 日开始，到 2020 年 5 月 17 日结束，共计 10 节，来自 24 个省份的师生参与，累计播放 75 万人次。

(4)未来网校的雏形"互＋计划"

"互＋计划"是基于沪江网校课程平台之上的，"沪江网校"是依托互联网以社群学习为核心，首创以班级为基础的教学平台。一直以来它为学生提供丰富、系统的学习课程和专业的教学服务。它分为公益课程和收费课程两种。2015 年发起的"互联网＋教育"公益项目，旨在用互联网链接优质教育资源，改变传统教与学的方式，助力国家教育精准扶贫。"互＋计划"和 21 世纪教育研究院、蒲公英教育智库、上海外国语大学等高校与机构达成合作，开设的网络课程包括语言、音乐、美术、国学、自然、科学、绘本阅读等课程，为乡村偏远学校提供可持续发展的优质资源，解决乡村学校核心素养课程难以开足开齐的问题，实现了优质资源的快速辐射，为乡村学校探索出低成本、大规模、快速复制的优质课程的双师授课模式，让不同地区的学生能享受同样的教学资源与平等受教育的机会，这是教育公平化的体现。目前，"互＋计划"已覆盖 5 000 余所学校、培训 15 万名教师、累计 100 万学生受益。先后入选《2018 中国互联网学习白皮书》《企业精准扶贫 50 佳案例》。"互＋计划"让我们看到了"未来学校"可能有的模样。

2. 线上线下的融合之路 >>>>>>>

随着网络技术的发展与应用，网络直播课的发展空间愈发广大。在常态化教学中，教师完全可以发挥网络课堂的优势，让教育更加个性化、科学化。

(1)线上研讨，线下交流

已经拥有网络课堂的学校在日常教学中可以充分利用起来，发挥它的作用。例如，授课教师可以提前一天发布学习任务单，把学生编成小组，建立小组讨论区，让学生先自学、讨论，然后第二天在课堂上进行简单交流后汇报，这样小组交流的时间充分，又避免了小组学习挤占课堂教学时间的问题，可以说一举多得。

(2)利用线上教学，突破难点

任何学科都有自己的难点，小学语文教学的难点是阅读和写作，尤其是写作，一提起写作，学生和家长都头疼。写作指导也是让教师感到困难的一件事，往往需要反复指导才能见效，这就可以用网络课堂来破解，教师可以运用网络课堂可录制的特点，一边讲授，一边将讲授过程录制下来。直播间可以回放，学生课后就可以根据自身情况去再次学习，这对于那些学习能力较弱的学生尤为重要。有了这些网络课程，家长就不用为孩子报课外辅导班了，还减轻了经济上的负担。

(3)运用线上优质课程，弥补教学短板

没有一个教师是全能的，就拿小学语文教师来说，有的教师声音甜美，擅长指导学生朗读；有的教师板书功夫过硬，擅长指导学生书写；有的教师文笔较好，擅长指导学生写作……网络课堂能给教师提供大显身手的空间，教师可以利用自己的特长，开办特色课程，影响到更多学生。对于那些不擅长的"短板"，可以用网络课程来弥补。年轻教师还可以通过网络观摩优秀教师的教学实录，学习后再进行自己班级的教学，这样就等于有了一位能一对一指导的师傅，会让自己的教学能力得到迅速提升。

3. 关于未来网络课堂的几点设想 >>>>>>>>

随着网络技术的高速发展，教育信息化的产品迭出，"网络教学"会是未来教育的一种发展方向。因为网络会议、网络办公早已经普及，网络教学也就不会太远，未来不可预设，那么未来的网络课堂又将有哪些变化呢？

(1)小学语文网络平台呈一体化趋势

通过这次"网络教学"，一线教师翘首期盼能够有一家可以满足"备课、上课、课后辅导、在线测试"所有教学需求的在线教学平台。教师能够在直播间调取PPT课件，导入视频、音频；直播间有黑板功能，有讨论区等；同时教师能看到所有上课学生的影像，可随时互动。平台有在线测试功能，可以自动组卷，也可以编辑试卷。教师可以通过平台开展单项测试，单元测试，期中、期末考试，每次考试都可以自动评分；每个学生在平台都有阶段性、综合性学业测评报告，甚至可以提供个性化的分析，告诉学生是基础知识需要巩固，阅读能力需要提高，还是写作方面需要多学习……运用这个平台，还可以进行作业布置、批改、点评，同学间的互动交流，家校之间的沟通，每个学生所有的学习轨迹都自动生成电子的"成长记录手册"。这样一个集中众家之所长的教学平台，相信一定会受教师、家长、学生的欢迎，这也是教育信息技术未来的发展方向。

(2)网络课堂对小学语文教学的影响

随着网络教学的兴起，网络课程在对传统教学有补充的同时，也有着冲击。网络课程形式灵活，内容可以自己选择，授课教师可以自己选择，听课时间可以选择，一门课程可以有无限的组合，这些优点吸引了不少学生参与。不少课程是公益的，不收费或收费低廉，这一点赢得了家长的青睐。一人主讲可以辐射成千上万的学生，因此可以聘请优秀教师进行网络授课。这些都造成了对现实学校的冲击，学生会将网络课程与学校中的课程进行对比，会将网络课程的主讲教师与学校中的教师进行对比，如果网络课程更有趣，主讲教师教学风格更幽默、活泼，就会让学生对现实中的课程和教师失去兴趣，不利于线下学习。因此就要求一线教师加强基本功训练，提高教学水平，掌握现在的信息技术，开办属于自己的直播课堂，吸引自己的学生参与学习。

(3)网络课堂有利于实现教育资源均衡化

众所周知，实现教育公平化是民族振兴的基石。一直以来小到班级之间的差距，校际之间的差距，大到区域之间的差距，城乡之间的差距，都困扰着广大家长。造成这一局面的原因有很多，教育资源分配不均，教学设施差异较大，不同学校所属级别不同等。

在未来这种差距也许可以缩小。各地区的教育部门可以组织各学科优秀教师开展直播课堂，实现课程同步、教材同步、作业布置同步、测试同步。对于那些家庭困难，地处偏远的学生，由各部门协调解决，或是架设网线，安装网络，或是配备平板电脑。为薄弱校、偏远校设立助教教师，采用"双师"模式缩小校际距离、城乡距离。

对于那些有准备的人来说，未来是一次机遇；对于那些没有准备的人来说，未来他可能会被淘汰。教育是面向未来的行业，所以教师要走在时代的前面，面对网络课堂这一新生事物，我们不能闭关自守，要善于运用技术不断实践，掌握网络课堂的直播技巧，发挥它的优势，逐渐完善我们的教学。未来的小学语文教学，将会有网络课堂的身影，只要肯于钻研，一线教师就能在未来的教育信息化中探索出一条适合自己的路。

网络课堂教学案例：《荷花》教学设计

《荷花》是叶圣陶的名篇，描写了夏日清晨一池荷花的美丽姿态，以及作者观赏荷花时的美好感受。线下教学中，教师在进行教学设计时，将那些运用了多种修辞方法，描写优美的段落作为重点，而那些理解有难度的语句作为难点。在线下课堂教师可以和学生互动，随时观察学生的学习状态，调整教学内容；还可以根据课堂情况，调整教学进度。线上授课的难点就是互动不足，学情反馈不够及时。根据这些情况，我进行了如下设计。

1. 依托数据，开展教学前测 >>>>>>>

进行《荷花》教学前，我利用电子文档发布了"学情调查问卷"。学生在线选出自己最喜欢的段落，自己认为最难的句子，自己最想了解的知识点，并在填空中写下自己对这篇文章的疑问，自己是否看过白荷花，课后的小练笔是否有难度。由于不用当众表达，不用面对众人关注的目光，这种在线调查较传统的"询问"，更容易掌握学生的真实想法和真实需求。通过调查，我了解到有一多半学生没有看过白荷花。于是我在导入环节中增加一段白荷花的录像，拉近学生与文本间的距离；调查数据还反映出，学生最喜欢的段落是第四自然段——作者想象自己变成白荷花的描写，这和传统教学中把第三自然段作为教学重点的定位有一定出入。依据这个数据，我对自己的教学设计进行了调整，将第三、四自然段列为教学的重点。以往的教学中认为学生"一边读一边想象"和"仿照课文描写植物"会有一定困难，但调查的数据呈现出学生认为文章中的修辞方法最难掌握，渴望教师在比喻句和拟人句的区分中给予指导。

2. 巧用直播平台，开展互动授课 >>>>>>>

教师有了数据作为依据，就能精准定位自己的教学内容，适当地做出增减。

有了这些前测，我有了如下的教学设计。

第一课时

（一）导入

1. 播放视频，了解荷花。

2. 出示资料，了解作者。

（二）出示学习任务单，明晰学习任务

1. 读课文，标出自然段，圈画不认识的生字词。

2. 画出自己喜欢的句子和词语。

（三）初读课文，了解文章

1. 播放朗读视频，学生跟读，完成上面的学习任务。

2. 连麦回答如下问题。

（1）本文有几个自然段？

（2）认读本课生字（带拼音）。

（3）去掉拼音，读字组词。

3. 出示本课多音字、形近字，连麦让学生带着大家读一读。

（四）指导书写

1. 出示要求会写的生字，连麦，每个学生从音序、部首、结构、组词等方面讲一讲。

2. 播放书写指导微课。

（五）整体感知

1. 再次出示全文，连麦找一名学生读一读。

思考：本文是按什么顺序写的？

2. 连麦，找学生理清写作顺序。

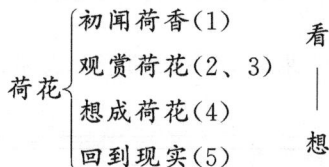

$$\text{荷花} \begin{cases} \text{初闻荷香（1）} \\ \text{观赏荷花（2、3）} \\ \text{想成荷花（4）} \\ \text{回到现实（5）} \end{cases} \quad \begin{matrix} 看 \\ | \\ 想 \end{matrix}$$

（六）随堂练习

（七）布置课后练习

1. 生字书写：每个生字写一个拼音，三个生字，组两个词语；

2. 熟读课文，画出自己喜欢的句子。

第二课时

课前准备（10分钟）

总结作业：教师对前一天作业完成情况进行总结，表扬完成较好的，对共性问题，再次讲授、指导。

教学过程(20~25分钟)

(一)复习旧知，导入新课

1. 游戏化测试。出示词语表中的词语，连麦找学生读。

2. 播放课文朗读视频。提问：这篇课文写了什么？

观看完视频，连麦回答问题。

(二)学习第一自然段

1. 出示课文第一自然段，找学生连麦朗读。提问：这段话交代了哪些要素？

2. 连麦回答：

时间、地点、起因。

3. 从课文中"连忙"和"跑"两个词语可以看出什么？

连麦回答，相机指导朗读。

(三)学习第二自然段

1. 出示课文描写荷叶的部分，连麦朗读。提问：荷花池里的荷叶是什么样的呢？找出你觉得写得好的句子。

2. 连麦找学生回答。

(1)抓住"挨挨挤挤"体会荷叶多而密的样子。

(2)体会比喻句的妙处。

3. 总结荷叶的特点。

形象地写出了荷叶多、密、绿、圆的样子。

4. 出示课文描写荷花样子的句子，连麦朗读。

5. 出示句子：有的……有的……有的……

(1)指出运用排比的修辞方法。

(2)出示荷花的图片，连麦仿说。

(四)学习第三自然段

1. 出示课文，连麦找学生朗读。提问：你觉得这一池荷花哪儿美，像一幅画？

颜色美：绿叶、黄心、白花瓣。

姿态美：全开的、半开的、花骨朵儿。

整体美：荷花池美得像一幅画。

动态美：荷花挨挨挤挤，冒出来。

2. 提问：看到这么千姿百态的荷花，你有什么感受呢？

(五)学习第四自然段

1. 出示第四自然段，连麦朗读。提问：当作者陶醉在这种美的境界中的时候，他眼前出现了怎样奇特的景色？

抓住动词感悟文章内容。

2. 放手让学生想象：如果你是荷花池中的一朵白荷，你会看到、听到、想到什么？

（六）总结提升

1. 出示本课思维导图，梳理写作思路。

2. 总结写作方法。

（七）课后练习

1. 完成课后练习（或者练习册）。

2. 背诵课文 2～4 自然段。

3. 运用本课学到的写作方法，描写一种花卉。

3. 运用软件，增加教学趣味 >>>>>>>>

　　线上授课时教师无法关注每个学生的状态。因此，教师最担心的就是线上教学时学生注意力不集中。为了破解这一难题，本节课，除了采用播放课文情境朗读视频以外，还采用了"YY 开播"软件的特效功能，增加课堂趣味。当学生回答问题，答案正确时，我为他们"鼓掌"；当学生思考时，我为他们加油；当学生经过努力，有所收获时，我为他们"撒花"庆祝。在授课时，我坚持打开视频镜头，并为自己加了"求关注"的特效头饰，提醒学生关注教师的讲授。这些都能吸引学生参与互动。

4. 妙用小程序，进行智能评价 >>>>>>>>

　　课堂教学只是完成了学习的"学"，要想让知识扎根在学生的头脑中，实践运用很重要，所以"学"完不够，还要"习"，学生要经过反复练习、实践，才能转化到自己的知识体系中去。因此，线上教学要格外重视"练习"，但是教师和学生存在空间距离。学生"习"的结果如何反馈给教师？教师又如何进行再次指导？这就需要借助信息技术的帮助，像前文为大家推荐的小程序中，就有作业搜集和智能批阅功能。以本课为例，第二课时中的"1. 完成课后练习（或者练习册）"，教师就可以选择"拍照上传作业"将练习题拍照、答案拍照上传到平台中，设置好发布日期和完成时间，选择"全对作业"为"优秀作业"的默认项。设置好就可以发布了。学生可以将完成结果拍照上传，后台自动实现"AI 智能＋人工批阅"，很快学生就能看到自己作业的批改结果，及时改正。本课中的课后作业"2. 背诵课文 2～4 自然段"，则可以选择用"蜜蜂作业"中的"普通作业"进行发布，要求学生上传语音，通过这一功能检查背诵情况。课后作业"3. 运用本课学到的写作方法，描写一种花卉"也可以采用这种形式。如果需要听写生字词，则可以选择"听写作业"进行发布。教师可以等学生全部提交后，查看结果，将错题截图作为第二天"作业总结"的内容。

这样的小程序，使用简单、方便，不用下载就可以通过微信登录，反应非常快速，让线上教学形成完美的闭环。

5. 其他案例参考 >>>>>>>>

为了在教学中方便使用，我经常制作表格式的教案。表 4-1 至表 4-5 为 5 个较成熟案例，供大家参考。

表 4-1　晨读案例

教学对象	小学三年级	主讲教师	长春市台北明珠学校　窦继红	
教学平台	CCtalk 直播间"豆课堂"			
题　目	晨读时间			
教学目标	1. 感受儿童诗歌之美，提高学生文学素养。			
	2. 学习汉字的规范书写，激发学生对祖国语言文字的热爱之情。			
	3. 关注学生身体健康，引导学生形成良好的生活习惯。			
教学重点	阅读儿童诗歌，感受文字之美。			
教学难点	养成良好的书写习惯，规范书写汉字。			
教学准备	多媒体课件、YY 开播软件、CCtalk 软件。			
教学时间	30 分钟			
教学过程	教师活动			学生活动
第一板块 诗歌欣赏 （10 分钟）	一、开播预热 教师提前十分钟打开直播间，进行设备调试。 教师和提前来到直播间的同学互动，预热。 打开音乐播放器，播放学生所点歌曲。 二、诗歌欣赏 1. 介绍作者：窦晶，知名儿童文学作家。曾出版《雪宝飞翔》《妖精谷》《和豆豆姐姐一起读》《追月亮》等 40 多部童书。 2. 出示诗歌 　　　　　　记性不好的风 昨夜 大风呼啸着 跑来跑去 他去质问树林			提前进入直播间。 调试音频、摄像头，为学习做好准备。 为同学、家人、教师点歌，将要点的歌曲名称和祝福语发到讨论区。

极简教育技术与小学语文教学

教学过程	教师活动	学生活动
	是不是把风宝宝 藏起来了 树林把头都要摇掉了 他还是不相信 大风在街上狂奔 是谁把风宝宝藏起来了 房屋闭紧了嘴巴 路灯吓得直眨眼睛 大风折腾到清晨 看到风宝宝 从阳光滑梯上下来 他才想起昨天傍晚 是自己把风宝宝 交给夕阳看管 他红着脸 钻进了大河 3. 教师范读。 4. 找学生连麦，朗读诗歌。 5. 交流：如何把这首诗歌读好？ 6. 你有没有记性不好的时候，都发生了什么事？ 7. 试着用诗歌的方式，也来说一说。	连麦，朗读诗歌。 划分停顿。 结合生活实际谈。 说出自己的答案。
第二板块 护眼时间 （5分钟）	播放眼保健操视频，保护眼睛。	跟着视频一起做。
第三板块 书法课堂 （10分钟）	播放书法指导视频。	跟着视频一起练习。
第四板块 课间休息 （5分钟）	播放广播体操视频。	跟着视频一起锻炼身体。

表 4-2　阅读课案例

教学对象	小学三年级	主讲教师	长春市台北明珠学校 窦继红
教学平台	CCtalk 直播间"豆课堂"		
教学版本	部编版小学语文三年级下册		
题　目	《荷花》		
教学目标	1. 认识蓬、胀等 4 个生字，读准多音字"挨"，会写瓣、蓬等 11 个字，会写荷花、清香等 14 个词语。 2. 有感情地朗读课文，背诵 2～4 自然段。 3. 能边读课文边想象画面，体会优美生动的语句。 4. 能仿照课文第 2 自然段，写一种自己喜欢的植物。		
教学重点	学习生字词，读通课文，体会优美生动的语句。		
教学难点	能边读课文边想象画面，仿照课文，写一种自己喜欢的植物。		
教学准备	多媒体课件、YY 开播软件、CCtalk 软件。		
教学时间	20 分钟 1 个课时，本案例有两个课时，共 40 分钟。		
课时	本课文的第一课时。		

教学过程	教师活动	学生活动
第一板块 导入环节 （5 分钟）	1. 播放视频，了解荷花。 2. 出示资料，了解作者。 3. 出示学习任务单，明晰学习任务。 读课文，标出自然段，圈画不认识的生字词。 画出自己喜欢的句子和词语。 4. 播放朗读视频。	观看视频。 明白学习任务。 听读，完成学习任务。
第二板块 初读课文 （5 分钟）	提问：本文有几个自然段？ 1. 认读本课生字。（带拼音）。 挨(āi)、瓣(bàn)、蓬(péng)、胀(zhàng)、裂(liè)、姿(zī)、势(shì)、仿(fǎng)、佛(fú)、随(suí)、蹈(dǎo)、止(zhǐ)。 2. 去掉拼音，读字组词。 挨、瓣、蓬、胀、裂、姿、势、仿、佛、随、蹈、止。 3. 出示本课多音字，读一读。 挨 $\begin{cases} \text{āi(挨家挨户)} \\ \text{ái(挨打)} \end{cases}$ 4. 出示本课形近字，读一读。 佛(仿佛)、蓬(莲蓬)、姿(姿势)、	连麦回答：5 个自然段。 连麦认读。 连麦组词。 由一名学生连麦朗读。 由一名学生连麦朗读。

教学过程	教师活动	学生活动
	拂(吹拂)、篷(帐篷)、资(资助)。 仿(仿佛)、蹈(舞蹈)、 访(访问)、稻(稻田)、 防(防护)。	
第三板块 书写指导 (5分钟)	1. 出示要求会写的生字。 2.播放书写指导微课。	连麦,从音序、部首、结构、组词等方面讲一讲。 跟着视频,每个生字书写一个。
第四板块 梳理思路 (2分钟)	再次出示全文。 思考:本文是按什么顺序写的?找学生连麦说一说,同时注意对讨论区里的留言进行点评。 荷花 { 初闻荷香(1) 观赏荷花(2、3) 想成荷花(4) 回到现实(5) } 看—想	连麦读一读。 连麦,说一说本文的写作顺序。 在讨论区里留言。
第五板块 课堂练习 (2分钟)	1. 发布在线"随堂练习"。 选择加点字的正确读音。 花瓣(bàn bàng)、莲蓬(pén péng)、饱胀(zhàng zàng)、裂开(liè niè)、姿势(zhī zī)、随风(shuí suí)。 2. 结束练习。 3. 总结练习情况,对易错的读音,再次纠正。	学生在弹出的页面作答。 核对自己的答案。
第六板块 布置作业 (1分钟)	1. 生字书写:每个生字写一个拼音,三个生字,组两个词语;然后拍照上传到"蜜蜂作业"中。 2. 熟读课文,画出自己喜欢的句子。 3. 完成"蜜蜂作业"中发布的生字词听写。	进行记录。 按时完成作业。
课时	本课文的第二课时。	
教学过程	教师活动	学生活动
第一板块 作业总结 (2分钟)	教师对前一天作业完成情况进行总结,表扬完成较好的,对共性问题,再次讲授、指导。	认真倾听,修改错题。

教学过程	教师活动	学生活动
第二板块 回顾旧知 （3分钟）	1. 游戏化测试。 2. 播放课文朗读视频。 提问：这篇课文写了什么？	连麦做游戏，认读生字词。 跟读课文，思考问题。 连麦回答问题。
第三板块 初见荷花 （2分钟）	1. 出示课文第一自然段。 提问：这段话交代了哪些要素？ 预设：时间、地点、起因。 2. 出示"连忙"和"跑"两个词语，提问：从这两个词语中可以看出什么？ 3. 指导朗读。要读出作者着急的心理。	连麦朗读第一自然段。 连麦回答问题。 在讨论区里留言。 连麦回答问题。 在讨论区里留言。 连麦朗读。
第四板块 观赏荷花 （5分钟）	1. 出示课文描写荷叶的部分。 提问：荷花池里的荷叶是什么样的呢？找出你觉得写得好的句子。 预设： 抓住"挨挨挤挤"体会荷叶多而密的样子。 体会比喻句的妙处。 2. 总结荷叶的特点。 3. 出示课文描写荷花样子的句子。 4. 出示句子：有的……有的……有的…… (1)指出运用排比的修辞方法。 指导学生说排比句，点评讨论区里的留言。 (2)出示荷花的图片。 5. 学习第三自然段。 出示课文。 提问：你觉得这一池荷花哪儿美，像一幅画？ 预设： 颜色美：绿叶、黄心、白花瓣。 姿态美：全开的、半开的、花骨朵儿。 整体美：荷花池美得像一幅画。 动态美：荷花挨挨挤挤，冒出来。 提问：看到这么千姿百态的荷花，你有什么感受呢？	连麦朗读描写荷叶部分。 连麦回答问题。 在讨论区里留言。 形象地写出了荷叶多、密、绿、圆的样子。 连麦朗读描写荷花的句子。 连麦仿说句子。 在讨论区里留言。 连麦朗读第三自然段。 连麦回答问题。 在讨论区里留言。 连麦回答问题。 在讨论区里留言。

教学过程	教师活动	学生活动
第五板块 想成荷花 (5分钟)	1. 出示第四自然段。 提问：当作者陶醉在这种美的境界中的时候，他眼前出现了怎样奇特的景色？ 预设： 抓住动词感悟文章内容。 2. 放手让学生想象：如果你是荷花池中的一朵白荷，你会看到、听到、想到什么？	连麦朗读第四自然段。 连麦回答问题。 在讨论区里留言。 连麦回答问题。 在讨论区里留言。
第六板块 总结提升 (2分钟)	1. 出示本课思维导图，梳理写作思路。 2. 总结写作方法。	
第七板块 布置作业 (1分钟)	1. 完成课后练习(或者练习册)。 2. 背诵课文第2~4自然段。 3. 运用本课学到的写作方法，描写一种花卉。	进行记录。 按时完成作业。

表 4-3　口语交际指导案例

教学对象	小学二年级	主讲教师	长春市台北明珠学校　窦继红	
教学平台	CCtalk 直播间"豆课堂"			
教学版本	部编版小学语文二年级上册			
题　目	写话《有趣的动物》			
教学目标	1. 联系生活经验，清楚地介绍一种动物，能说出有趣之处。			
	2. 能认真听别人介绍有趣的动物，有不明白的地方，有礼貌地提问或补充。			
教学重点	能清楚地介绍自己喜欢的小动物			
教学难点	认真听别人的介绍，礼貌提问。			
教学准备	多媒体课件、YY 开播软件、CCtalk 软件。			
教学时间	20 分钟			
教学过程	教师活动			学生活动
第一板块 作品展示 (2分钟)	对上次学生的作品进行点评，找优秀学生上麦，读自己的作品。			朗读自己的作品。

教学过程	教师活动	学生活动
第二板块 激趣导入 （2分钟）	出示动物图片。教师旁白：鹦鹉会学人说话，萤火虫能发出亮光，松鼠的尾巴好像降落伞。世界上有很多有趣的动物，小朋友们，你喜欢什么动物？	连麦说一说自己喜欢的动物（只说名字就可以）。 不能连麦的也可以把自己喜欢的动物名称发到讨论区里。
第三板块 明确要求 （2分钟）	一、出示本次口语交际要求 1. 交际内容：你喜欢的小动物，它有趣在哪里？先想好要讲的内容，再讲给同学听，听的同学可以提问或补充。 2. 讲述要求：吐字要清楚。 二、解读要求 1. 本次口语交际的内容：从动物"有趣"的角度来介绍，你觉得可以介绍什么？ 特殊的外形（如松鼠的尾巴像降落伞）。 特殊的习性（鹦鹉会说话）。 独特的功能（萤火虫能发出亮光）。 2. 提问：你喜欢的小动物，它有趣在哪里？	连麦读一读。 学生连麦回答。 其他同学在讨论区里留言。
第四板块 播放微课 （5分钟）	播放指导微课，为学生打开思路。	认真倾听微课。 梳理自己的交际内容。
第五板块 优秀范例 （3分钟）	出示两篇优秀范例。	连麦朗读。 认真倾听。 列个小提纲。
第六板块 交流展示 （5分钟）	出示口语交际提纲。 有趣的动物名片。 姓名： 特点：（包括外形、动作、生活习性） 自我介绍： 我是（名称），我身穿（皮毛的颜色），一双（ ）眼睛，就像（ ）。我喜欢吃（ ）。 我是个（ ），总是（ ）。因为我（ ）所以大家喜欢我。	连麦展示自己的学习成果。 点评他人的交流。 有疑问可以有礼貌地提问。

続表

教学过程	教师活动	学生活动
第七板块 总结提升 （1分钟）	方法总结。 1. 按照从头到尾的顺序介绍。 2. 说清动物的有趣之处。	

表 4-4　习作指导案例

教学对象	小学三年级	主讲教师	长春市台北明珠学校 窦继红
教学平台	CCtalk 直播间"豆课堂"		
教学版本	部编版小学语文三年级上册		
题　目	习作《我来编童话》		
教学目标	1. 激发学生创作热情，充分调动学生的情感，引导学生入情入境，使学生不仅学会写作，而且陶冶情操。 2. 要求学生能根据所创设的情境，展开丰富而合理的想象，并能比较流畅具体地记叙想象内容。 3. 培养学生独立构想、相互评改和认真修改的良好习惯。		
教学重点	创编童话故事，培养学生的创造性想象能力。		
教学难点	通过童话故事说明一个道理或给人以启迪。		
教学准备	多媒体课件、YY 开播软件、CCtalk 软件。		
教学时间	20 分钟		

教学过程	教师活动	学生活动
第一板块 作品展示 （2分钟）	对上次学生的作品进行点评，找优秀学生上麦，读自己的作品。	朗读自己的作品。
第二板块 明确体裁 （1分钟）	童话的特点 拟人化 想象丰富 给人启示 趣味横生	在讨论区里互动留言。

教学过程	教师活动	学生活动
第三板块 明确要求 （5分钟）	一、导入 1.出示童话的代表图片：看图片猜一猜这是哪个童话故事。 2.你还读过哪些童话？ 二、明确童话编写要素 1.角色拟人化。 2.想象大胆、丰富。 3.情节曲折。 4.给人启示。 三、明确本次写作要求 1.出示书中词语。 国王　　黄昏　　厨房 啄木鸟　冬天　　森林超市 玫瑰花　星期天　小河边 2.看到上面这些词语，你的脑海里浮现出了怎样的画面？你想到了什么样的故事？展开你们想象的翅膀，大胆想象有可能发生的事。 3.写之前想一想。 第一，故事里有哪些角色？（可以从上面任选一个或几个，如果有需要，也可以添加你喜欢的其他角色，如小公主、月亮。） 第二，事情发生在什么时间？是在哪里发生的？ 第三，他们在那里做什么？他们之间发生了什么事？	连麦说一说。 在讨论区里互动留言。 连麦回答。 其他同学在讨论区里留言。 连麦读一读词语。 连麦回答。 其他同学在讨论区里留言。 连麦读一读。
第四板块 播放微课 （5分钟）	播放指导微课，为学生打开思路。	认真倾听微课。 梳理自己的习作内容。
第五板块 优秀范例 （3分钟）	出示两篇优秀范例。	连麦朗读。 认真倾听。 列个小提纲。
第六板块 交流展示 （3分）	出示写作提纲。 我来编童话 { 交代时间、地点、人物 情节：一波三折 结局：给人启示	1.连麦展示自己的学习成果。 2.点评他人的习作。
第七板块 总结提升 （1分钟）	方法总结。 1.按照从头到尾的顺序介绍。 2.说清动物的有趣之处。	

表 4-5 阅读指导案例

授课对象	小学中年级	主讲教师	长春市台北明珠学校 窦继红
授课平台	CCtalk 直播间"豆课堂"		
书 目	《海底两万里》		
阅读目标	1. 了解作者凡尔纳，了解名著《海底两万里》。		
	2. 阅读精彩片段，激发学生阅读兴趣。		
	3. 培养学生养成读书的良好习惯。		
阅读重点	了解《海底两万里》中的主要情节和人物。		
阅读难点	感受书中神奇、丰富的想象。		
授课准备	多媒体课件、YY 开播软件、CCtalk 软件，电影片段视频。		
授课时间	60 分钟		

授课过程	教师活动	学生活动
第一板块 初步感知 (5 分钟)	1. 介绍作者凡尔纳。 2. 介绍《海底两万里》主要内容、篇章结构。	认真听讲。
第二板块 微课时间 (10 分钟)	1. 出示整本书图片。 2. 播放电影《海底两万里》的精彩片段。	观看视频。
第三板块 人物评价 (10 分钟)	1. 教师出示图片，介绍主要人物。 博士：阿罗纳克斯。 仆人：康塞尔，佛拉芒人。 捕鲸人：尼德·兰。 鹦鹉螺号船长：尼摩船长。 2. 回答讨论区里的留言。	学生认真倾听。 讨论区互动、留言。
第四板块 片段导读 (20 分钟)	1. 出示关于"鹦鹉螺号"描写的文字和图片。 思考：读了这段文字，你有什么感受？ 预设：船很大、设施齐全、充满高科技。	连麦朗读。 连麦回答。 讨论区里互动。
第五板块 互动时间 (10 分钟)	简单交流阅读感受。	上麦交流。
第六板块 布置任务 (5 分钟)	1. 读后感。 2. 用思维导图梳理这个故事。 3. 绘声绘色地朗读。 4. 画一张鹦鹉螺号的图画，写一段说明。 从以上四个任务中任选其一完成。	阅读这本书。 选择一个任务完成， 上传到"小打卡"里。

第五章
教师专业成长篇

　　极简教育技术的发展和运用离不开教师，教师在极简教育技术的帮助下，专业技能得以迅速提升，二者相辅相成。教育信息提升工程从 1.0 到 2.0，整体提升了教师对教育技术的运用能力。如何运用极简教育技术进行数据搜集，如何引领教师学好教育技术，如何运用网络开展教师研修，拓宽教师学习领域，都是要面对的问题。本章节就从教师专业提升的角度阐述极简教育技术对教师成长的重要意义和实用小妙招。

一

信息技术与教师专业发展关系

1. 教育信息化的发展趋势 >>>>>>>

迈入 21 世纪，整个社会都在经历变革与转型，社会各领域都在不断"被信息化"，"互联网＋"成为各个行业的前缀。信息化给社会生活带来的日新月异的变化，也给教育带来了生机，更带来了冲击与挑战。随着技术的发展与社会的进步，传统的教育已经难以适应社会发展的需求。因此，教育的改革已是势在必行，教育信息化与社会发展相伴相生，成为教育发展的必由之路。

教育信息化是指现代信息技术在教育领域所产生的全面而深刻的变革，最终的目标是达成一个全新的教育形态。具体体现在两个层面，一是技术层面，二是教育层面。在技术层面上，教育信息化呈现出数字化、网络化、智能化、人工化和多媒体化的特点。在教育层面上，教育信息化体现的是开放性、共享性、交互性和协作性。可见，教育信息化是一个不断追求信息化教育的过程。

教育信息化的发展水平已成为衡量一个国家教育现代化水平的重要标志。为保证国家教育信息化规划的连续性，各国政府均重视顶层设计，以分阶段、渐进式来解决教育信息化面临的实际问题。

美国信息技术起步较早，一直走在世界前列。早在 1996 年，美国政府就把发展现代技术作为迎接信息化社会的重要措施之一。联邦政府教育部先后四次颁布了国家教育技术计划，以应对不同的境遇和问题。

英国的信息技术教育也有着悠久的历史。英国的信息技术教育得到了国家教育部教育技术委员会等机构的广泛参与与支持。学生的信息技术教育被视为国家教育改革的重要组成部分。英国特别注重培养学生的基本信息技术能力，强调学生利用信息技术工具快速获取知识和经验。此外，英国教育体系还注重利用信息技术工具和信息资源来独立学习和解决问题的能力，并致力于通过信息技术工具来发展学生的思维能力和提高信息处理技能。

日本在中小学教育信息化方面一直处于世界领先地位。在日本文部科学省的教育信息化国家政策中，包括第三期《教育振兴基本计划》《日本再兴战略(JAPAN is BACK)》《世界最先端 IT 国家创造宣言》都包含了大量教育信息化的内容。此外，日本教育部还专门召开了教育信息化恳谈会。在日本的教育信息化国家战略中，目标是通过实施教育信息化来培养学生的学习能力。具体措施包括：中小学教育用计算机的生机比要达到 3.6∶1，确保每位教师拥有一台计算机；电子黑板、实物投影仪、超高速互联网和无线局域网全面接入。日本已实现全体中小学生"人手一台"信息终端的教育信息化建设目标，以确保义务教育阶段信息教育的公平化。

我国教育信息化，以"促进教育公平""均衡发展"为核心理念，用教育信息化带动教育现代化，进而实现教育的全面发展。经过二十多年的时间，无论是基础设施、数字资源，还是人才培训、关键技术及标准等方面都有了长足的发展，已经进入一个较高的发展平台。

进入新时代以来，为推进新时代教育信息化发展，我国针对教育信息化，密集发文。

2010 年 2 月，《国家中长期教育改革和发展规划纲要(2010－2020)》明确指出：到 2020 年，基本建成覆盖城乡各级各类学校的教育信息化体系，促进教育内容、教学手段和方法现代化。

2018 年 4 月，教育部印发了《教育信息化 2.0 行动计划》，开启了新时代教育信息化的新征程。行动计划的基本目标是到 2022 年基本实现"三全两高一大"的发展目标，即教学应用覆盖全体教师、学习应用覆盖全体适龄学生、数字校园建设覆盖全体学校，信息化应用水平和师生信息素养普遍提高，建成"互联网＋教育"大平台。进而构建基于"互联网＋"、大数据、新一代人工智能等新兴技术的教育服务新模式。提出坚持育人为本、融合创新、系统推进、引领发展四项基本原则。

2019 年 2 月，中共中央、国务院印发了《中国教育现代化 2035》，明确指出通过信息化技术推动教育组织形式和管理模式的变革创新，强调利用现代技术加快推动人才培养模式改革，实现规模化教育与个性化培养的有机结合。创新教育服务业态，建立数字教育资源库共建共享机制，进一步重申了信息技术在推进教育现代化进程中的重要作用。

2019 年 3 月，《教育部关于实施全国中小学教师信息技术应用能力提升工程 2.0 的意见》发布，指向教师信息技术应用能力提升，明确指出到 2022 年，构建以校为本、基于课堂、应用驱动、注重创新、精准测评的教师信息素养发展新机制，基本实现"三提升一全面"的总体发展目标：校长信息化领导力、教师信息化教学能力、培训团队信息化指导能力显著提升，全面促进信息技术与教育教学融合创新发展。

2020年3月，教育部发布《关于加强"三个课堂"应用的指导意见》，要求到2022年，全面实现"三个课堂"在广大中小学校的常态化按需应用，再次给"互联网＋教育"注入一剂强心针。"专递课堂"强调专门性，主要针对农村薄弱学校和教学点缺少师资，开不出开不足开不好国家规定课程的问题，采用网上专门开课或同步上课，利用互联网按照教学进度推送适切的优质教育资源等形式，帮助其开齐开足开好国家规定课程，促进教育公平和均衡发展。"名师课堂"强调共享性，主要针对教师教学能力不强、专业发展水平不高的问题，通过组建网络研修共同体等方式，发挥名师名课示范效应，探索网络环境下教研活动的新形态，以优秀教师带动普通教师水平提升，使名师资源得到更大范围共享，促进教师专业发展。"名校网络课堂"强调开放性，主要针对有效缩小区域、城乡、校际之间教育质量差距的迫切需求，以优质学校为主体，通过网络学校、网络课程等形式，系统性、全方位地推动优质教育资源在区域或全国范围内共享，满足学生对个性化发展和高质量教育的需求。

我国信息技术应用与发展呈现了由点到面的发展趋势，即由原来只是一部分群体研究教育信息化，变为更多的人重新审视教育、思考未来学校的样态。无论是怎样表述，有一点是共同的，那就是"学习"已不再是学校的专属，而是无处不在，科技会为学校带来根本性的变化。

《教育部2021年工作要点》中指出，积极推进教育信息化建设的目标任务是加快推进教育信息化高质量发展，积极发展"互联网＋教育"，全面保障教育系统网络安全。"十四五"期间要深入实施教育信息化2.0行动计划，加快推进教育专网建设，普及数字校园建设与应用。印发关于加强中小学线上教育资源建设与应用的意见，完善国家数字教育资源公共服务体系，建设国家中小学网络云平台。深化网络学习空间应用普及行动，全面提升师生信息素养。持续开展网络条件下的精准扶智，深化"三个课堂"应用。探索教育信息化试点示范，推进智慧教育创新发展行动和百区千校万课的引领行动。推动形成教育系统数据资源目录和数据溯源图谱，制定教育基础数据标准规范，实现有序共享。推进教育"互联网＋政务服务"工作。

教育信息化的快速发展，必然会对教育产生深刻的影响，对教师的专业发展产生深刻的影响。作为现代社会信息交流的先进工具，互联网络在为教师提供丰富的课程资源，创造宽广的教学空间的同时，也为教师专业成长提供了良好的发展平台。互联网技术正在成为影响教师专业发展与成长的重要方式和手段。

2. 新时代呼唤新教师 >>>>>>>

面对教育信息化的蓬勃发展，我国许多中小学教师在教育信息化应用上定位还不够明确，方法也不够科学。尽管硬件投入大，但实际使用率却很低。教学活动常限于播放幻灯片，而直播课程也只是将线下课堂移到线上。在学校信息化管理方面缺乏整体设计与系统工程思维，仅停留在信息发布、信息反馈层面，未能深入研究信息化在教学中的实际应用。这种现状与教育信息化的快速发展需求不符，导致设备投入大但闲置率高，使用层次浅显，学科与信息化的融合远远不够。教育信息化的变革能否顺利进行并取得成功，关键在于教师。因此，新时代亟需新型教师，他们应该具有以下特征。

（1）现代化的教育理念

《中国教育现代化 2035》中提出推进教育现代化的八大基本理念，为广大教师指明了前进的方向。这八个基本理念是：更加注重以德为先，更加注重全面发展，更加注重面向人人，更加注重终身学习，更加注重因材施教，更加注重知行合一，更加注重融合发展，更加注重共建共享。这是首次提出中国教育现代化的八大理念，是前所未有的，理念先导在这里得到了非常充分的体现。这八个基本理念就是新时代教师应该具有的教育理念，这八大理念体现了对教育自身的要求，它告诉我们教育现代化的核心是人的现代化，是以每一个中国人的现代化为目标，是面向每一个中国人的现代化。现代信息技术与教育的融合发展，在促进教育走向现代化的进程中发挥着重要的作用。只有实现内部的融合，实现与科技、文化、经济、政治、环保、社会建设等方方面面的融合，才能真正实现教育现代化。一线教师有了现代化的教育教学理念，才能主动学习新技术，不断尝试各种软件，将学科教学和信息技术相融合，才能走出一条新路。

（2）教师角色的新定位

教师作为教学活动的主导者、组织者和促进者，起着决定性的作用。传统教学中，教师主要是"传道、授业、解惑"，是知识的传授者和发布者。随着信息化时代的到来，教师的角色正面临着前所未有的挑战。教师如何从传统的教学环境中摆脱出来，去适应信息技术环境，正确定位自己是当今每一位教师必须认真思考的问题。随着信息化时代的到来，教师需要熟练地把信息技术用于课堂教学中，更有效地将信息技术与教学结合起来，借助信息技术手段提高教学效率。这就要求教师一定要转变自己的角色，从课堂教学的主导者变为引导者，从知识的传授者变为学生获取知识的辅助者，从课堂的主讲人变为学习的主持人，成为学生学习的伙伴。

在不断探索和融合过程中，一部分先行者还可以根据自己的实践，对信息化产品提出改进意见，并根据教育信息化的新变化设计出新的课程，成为课程设计师。还有一些教师凭借着对教学的深入研究和技术的熟练运用，成为教育信息化落实中的指导教师，甚至成为这一领域的专家。教育信息化的发展将涌现出新一代的名师，他们不仅懂教学，还能熟练操作各种教学软件，了解每个教学环节中如何恰当使用信息技术，以服务学生的学习。这些教师将从学习的角度出发，设计出适应时代发展的新型教学模式。

未来，将会有一部分教师从线下教学转向网络教学，成为网络教师。这将是新兴的一个职业。随着各大教育在线的平台的涌现，他们获得了发展空间。一个主讲教师可以为成千上万的学生授课，影响力大，收益可观。但这对教师的教学能力提出了更高的要求，不仅要有较高的教学水平和信息技术能力，还要有亲和力和表现力，只有这样才能通过网络吸引学生参与。

（3）教学方式的转变

教育信息化由于现代教育媒体的介入，一改传统教学中一本书、一支笔、一块黑板的教学媒介和信息呈现方式。教育技术的现代化促使教学方法发生了变化。

第一，教师可以利用投影、计算机等形式进行教学，通过创设情境激发学生的学习兴趣，使课堂教学更加生动，从而提高了教学质量和效果。

第二，依托简单的教育信息化，形成以学生为中心的教学模式。例如，采用小讲师式、小组合作式、探究式、项目式等教学方法，为学生创新思维和创新能力的培养提供了传统教学无法比拟的环境和氛围。

第三，教师还可以发挥网络的优势，引导学生通过网络学习，掌握如何利用网络资源获取知识，这为学生提供了一个额外的学习途径。当学生能有效利用网络资源学习并获得成就感时，就不容易沉迷于网络游戏。

第四，有能力的教师还可以依托互联网构建学习社群，通过网络开展预习、提供在线课程，促进小组间的交流与分享，将学校教育延伸到网络空间，开辟新的网络学习空间。

（4）终身学习的能力

教育信息化的发展关键在于教师。如果教师的信息应用能力不足，跟不上教学软件的发展，就无法跟上时代发展的脚步，也就无法有效落实教育信息化。这要求教师必须不断学习、终身学习。就像现在学校配备的一体机，虽然已经进行了培训，但仍有一些教师觉得操作困难，或仅将其当作投影机使用，甚至放弃使用。这不仅造成了资源浪费，也阻碍了信息化教学的进展。归根结底，是一些教师不愿意学习，不愿意改变传统的教学方式，如此下去，教育信息化将难以推进。

面对教育信息化，教师需要有持续学习的精神。只要不断尝试，就会发现各种软件之间存在互通性，熟悉了一种教育软件，再学习其他软件就会容易得多。熟悉各种软件的特性后，教学时就能熟练使用并恰当选择。随着时间的推移，教师会发现课堂教学效率提高了，学生的学习兴趣增强了，学习成绩提升了。这些成果会激励教师继续学习，形成良性循环。

终身学习的能力也是信息社会发展的需求。在信息社会中，信息能力是人们应具备的一项基本素质，是进入信息社会的"通行证"。对于教师而言，信息技术应用能力是国家实现信息化的重要基础与保障。教育信息化离不开技术，而技术需要不断学习和尝试。在信息化环境下，广大教师只有不断学习，提高自身应用能力，实现"一师多技""一师多能"，才能有效利用技术手段，提高教育教学的质量和效率，促进学生的发展。

总之，社会在发展，信息化的步伐在加快。教育信息化对教师来说，既是冲击与挑战。无论是学校还是教师，如果故步自封、自以为是，只会让教师在新的发展进程中被甩得越来越远。因此，教师要主动学习，才能适应教育信息化。只有努力提升自己的专业素养，将教育理念付诸实践，才能适应时代发展潮流，为学生的未来发展做好铺垫，这是大势所趋。

二

通过教育技术简化日常工作

教育信息化进入校园的历程和所有新生事物一样，一开始带给人们的是新奇感，接着是困惑。一部分人尝试后发现带来了便利，这带动了其他人逐渐开始运用，最终形成全面推广。"协同办公"就是这样发展起来的，它利用互联网、计算机和网络平台，实现多人沟通、资源共享、协同工作。这一技术最初是针对企事业单位研发的，给办公人员提供了便利，很快就推广到校园中。这些快捷的平台降低了成本，提高工作效率，因此广受一线教师的喜爱。

1. 使用在线文档进行数据搜集 >>>>>>>

（1）运用在线文档，提高工作效率

学校的日常工作往往需要团队协同完成。所谓"协同"就是指协调两个或者两个以上的不同资源或者个体，共同完成某一目标的过程或能力。在信息化环境下，可以用于协同开展工作的软件有很多，常用的有腾讯文档、石墨文档、一起写、金山文档等。这些在线文档的优势在于能够实现多人在线实时查看和编辑。发起者创建一个文档，其他人可以同时在线查看、编辑，每个人的编辑历史都能够自动保存，并且可以随时追溯查看。在线文档的多端同步、随时编辑等特点，优于通过邮件、QQ、微信等通信方式进行文件传递，减少多次传输文件的麻烦，使教师可以随时随地开展工作，满足多场景办公的需求。

在线文档也可用于统计。每学期教师都要统计学生各种信息，例如，统计学生家庭住址，教师可以登录电子文档，先建立一个电子表格，将要统计的信息填写好。然后，通过扫描二维码将相关链接分享到家长的微信群，家长就可以用手机完成学生信息的填写。教师随时可以查看文档的填写情况，并对尚未填写的家长进行提醒。腾讯文档可以反复编辑，并可以设置查看权限，如允许编辑，或仅允许查看。

在线文档可用于工作日程安排。过去学校每周都要下发工作日历，这通常需

要有专人统计各部门的工作计划，然后将这些信息制成电子表格再下发给各办公室。现在，有了在线协同软件，就可以解决这一难题了。负责此项工作的人员只需要设计好框架，建立一个在线电子表格，并将链接分发给各部门负责人进行填写即可。同样，负责教研的主任可以利用这一功能，收集某个年段教师主题备课后的心得体会。在教研活动前，主任可以建立在线文档，并将其推送给参与教研的教师，以便他们在线同步编辑。与传统的提交方式相比，这种方法让教师在整理自己心得的同时，还能同步看到其他教师的心得，从而实现相互借鉴和反思成长。

（2）运用在线文档，增强教师间的互动

互联网的普及开启了教师不断深入学习的大门，使"人人皆学、时时能学、处处可学"成为可能。教育信息化之所以促进社会发展，是因为这个进程是充满生命力的，而这种活力源于教师在互动中的内在成长。为了更好地开展各项教学、教研活动，经常需要开展教学研讨。过去，这种研讨要提前布置场地，准备会议物品，组织起来既费时又费力。现在，有了在线文档来帮助，事情变得简单多了。组织者可以基于在线文档搭建话题或框架，实现教师与同行、教师与专家之间的互动，分析利弊得失，强化交流合作的意识和态度，实现同伴的智慧众筹，促进教师的专业成长。

（3）运用在线文档，进行学习支架设计

教师不仅能传播知识，他们还是学生学习情境和学习引导的设计者。教师针对教授内容与学生的学习，可以设计一个有利于学生学习的支架，供学生学习使用。这种基于学习支架的教学方法，能够扭转课堂教学中教师"教"有结构而学生"学"处于"无结构"的现象，使"学的活动"真正变得有价值。

如在教授统编版六年级上册《青山不老》一课时，可搭建如下支架，为学生学习导航(见图 5-1)。

《青山不老》学习支架：
1. 梳理疑问(要求：每个学生至少提出两个问题)。
2. 先学后教：哪些问题可以通过小组集体智慧马上解决？对于小组内不能解决的问题，通过在线文档上传。
3. 提供建议：根据同学们列举出来的问题，寻找并发现关键问题，进行文本深入研读。
4. 教师可根据学生的问题，给予相应的材料，或阅读方面的提示。
5. 学生针对疑惑进行讨论，并将理解以"关键词"的方式通过在线文档进行呈现。教师随机提问并强化知识点教学。

图 5-1 《青山不老》学习支架

无论是在课堂上还是在课后，面对面交流的时间总是有限的，尤其是当这些时间需要分配到每一个学生身上。建立新的沟通空间，可以为师生之间提供新的多向交流路径。同时，让沟通成果可见，会极大地提高办公和学习效率。

2. 运用问卷星提升工作效率 >>>>>>>>

"用数据说话"是教学与研究的前提。通过数据分析，教师可以精准地施教，有针对性地深入研究。

问卷星是国内较为专业的在线问卷调查、测评、投票平台，专注于为用户提供功能强大、人性化的在线设计问卷、采集数据、自定义报表、调查结果分析系列服务。与传统调查方式和其他调查网站或调查系统相比，问卷星具有快捷、易用、低成本的明显优势，已经被广大教师所熟知并广泛使用。

问卷星的使用比较容易上手，注册账号就可以使用，其典型应用有问卷调查、在线考试、在线投票、报名表单、在线测评、在线投票。

(1)在研究中使用

教师在开展课题研究与论文写作时，经常需要进行问卷调查和社会调查，并进行数据的分析与统计。传统方式需要经过问卷设计、印刷、下发、填写、搜集、统计等流程，因为过程烦琐，往往要很多天才能完成，尤其是统计过程，耗时耗力。现在有了问卷星这样的工具，可以很有效地解决这一问题。问卷星为教师的调查提供了多样的调查模板，方便教师在各种场景中使用。教师可以将设计好的问卷内容输入问卷星，设置好数据要求，然后分享链接，让调查对象填写。

(2)在课堂中使用

调查问卷能有效了解学情，教师对学生学习现状的分析是教学设计必须考虑的环节。教师可以定期或不定期地开展有目的、有针对性的课堂效果调查。例如，提前设计一些具体的问题，让学生结合个人实际情况填写。这样有利于如实反馈学生的学习状况和学习效果，还可以了解学生对教师的希望和建议。这些资料极为珍贵，对下一步的教学具有指导作用。近年来，还有教师在上课前运用问卷星设计相关题目，了解学生需求，检测学生对本节课知识的掌握情况。这样了解了学生的真实情况，更便于开展分层次教学，使教学更有针对性，有的放矢，以更好地促进学习有效发生。

运用问卷星还可以开展随堂测试。每节课学生学习的效果如何，也是教师比较关心的问题。因此，在一节课结束之前，教师经常会设计几道试题，检测学生对本节课知识的掌握情况。运用问卷星，让这种测试变得更加简单，结果通过后台的"统计与分析"能更快呈现出来。教师还可以用分析功能，看到每位学生的得分情况和完成测验花费的时间，这样大大减轻了教师的工作量，节约了教师宝贵的时间。教师还可以用问卷星对数据下载，然后快速算出每道题的通过率、整体成绩的平均分、标准差等统计的数据，生成一份成绩的统计分析报告，为今后的教学提供更详细的反馈信息。

问卷星与翻转课堂相结合，改变了教学方式和教师和学生的角色。从传统的教师讲授、学生被动接受，转换为学生上课前自主学习，教师在课堂上主要是解答学生的疑惑。在互联网条件下，教师向学生提供教学音视频及文档资料，便于学生在课前观看和学习，然后师生在课堂上一起进行答疑探讨和互动交流等活动的一种新型的教学方式。

值得注意的是，翻转课堂作为混合式学习方式，虽然有利于学生进入深度学习，但要求学生具有一定的自主学习能力、独立思考及实践能力。教师为学生提供的教学微视频，还要能够保证每名学生都收看，在课上还需要设计丰富的课堂讨论活动，激发学生的学习热情。

教师在教学工作中灵活运用问卷星，收集学生相关信息，发现教学中的问题，及时改进教学，极大地减轻了教师的工作量，提高了教师的工作效率，这是信息技术与教学融合的体现。

3. 利用云盘保存分享教学资料 >>>>>>>>

教育资源经历了 Web 资源建设、资源库建设到先进教育资源共享环境建设等不同的发展阶段。这一进程，资源的生成、使用、共享和管理方式等诸要素发生了深刻变化。

随着信息技术的发展，移动办公已成为继电脑无纸化办公、互联网远程办公之后的新一代办公模式。办公人员可在任何时间（anytime）、任何地点（anywhere）、处理与业务相关的任何事情（anything）。作为小学语文教师，移动办公离不开教学资料或相关教学资源。与传统的 U 盘、移动硬盘存储方式相比，网络云盘存储更便捷、安全、成本低，且不用携带。网络云盘作为办公工具，已广泛应用在教学的各个领域。利用云盘保存资料，不仅可以随时调取，还能快速分享给同伴。

三

运用网络促进教师专业能力提升

〉
〉
〉
〉
〉
〉
〉

教师是教育发展的第一资源，也是人才培养的关键力量。教师专业素质与能力提升的过程，就是教师通过职前培养和终身专业训练，不断习得教育专业知识与技能，逐步提升自身综合素质的过程，也是从一名新手逐渐成长为具备专业知识、专业技能和专业素养的成熟教师，并实现可持续专业发展的过程。教育信息化的本质是对信息资源的有效利用，教师的专业成长也是如此。

1. 运用网络技术，拓宽教师学习视域 〉〉〉〉〉〉〉〉

过去，教师要学习教育理论和了解教育信息主要依靠报纸、杂志或是图书馆中的书籍，学习渠道相对有限。随着网络技术的迅猛发展，网络教学资源非常丰富，具有海量、交互、检索便捷等特点，为教师的自主学习创造了全新的条件，提供了更加丰富的优质学习资源。

教师专业成长关键在于课堂教学实践能力的提升。随着网络技术的发展和硬件设备的普及，"互联网＋教育"正成为解决偏远地区课程匮乏问题的重要手段，并逐渐衍生出录播教室、直播课堂及相对更成熟的双师课堂等模式。

对于偏远地区而言，最缺乏的是优秀教师和优质课程。为了打通"最后一公里"，2019 年 12 月，沪江"互＋计划"在上海发布全新课程模型——N 师课堂。沪江的吴虹认为，对于乡村教育而言，双师课堂还不够，推出 N 师课堂能完善网络课堂模式、助力偏远地区实现优质教育资源的共建共享。

N 师课堂是由一位教师面向 N 所学校授课，由网师、助学（当地乡村教师）、助教共同配合的大规模网络社群化课程组织、学习及反馈的学习闭环模式。在该模式中，网师根据助学、助教的反馈设置适宜课程内容；助教帮助网师备课，指导助学们解决网络学习中遭遇的困惑，并对优秀助学进行激励；助学负责收集、评估学生的课堂表现，将学习情况实时反馈给助教，帮助其对课程进行迭代升级。

此外，N 师课堂还包括全新课程体系——N 师学院：对优秀的乡村教师、线下区域名师进行公益培训，帮助其成为一流的网络名师，并融入 N 师课堂成为新的网络课程提供者。这使得教师的能力不再受空间限制，能够通过互联网辐射到更广泛的区域，实现区域教育资源的自我更新，提升当地教育水平。

每一期的 N 师学院都邀请许多名家进行专题分享。学员通过听课、反思、分享，将理论知识内化，并在工作实践中付诸行动。在 N 师学院培训过程中，教师开阔了眼界、获得了知识，工作激情也随之被激发。

2. 运用网络技术，提升教师教研水平 >>>>>>>>

校本教研是现代学校转变教师学习方式，培养研究型教师的有效途径，也是促进教师专业成长最有效的方式之一。但传统校本教研中，最大的问题是缺少真正的成长和增值。

以网络为载体的校本教研是传统校本教研的升级，它能进一步加强专家与教师、本地教师与外地教师之间的教学交流与研讨。在与专家及其他地区教师的相互交流与反思中，教师不断提高自己的教研能力，

除了对话交流之外，教师还可以利用网络进行协作备课，分享各自的教学设计，实现资源的优化共享。他们还可以对网上的上课视频进行评课，对教学案例进行评比分析。

依托网络搭建的教研平台突破了时空的限制，使教师能在该网络平台上与他人的教学智慧进行碰撞，相互学习优秀的教育教学经验，实现智慧与经验的分享学习，从而不断提升自己的专业水平。

3. 运用网络技术，促进教师教学反思 >>>>>>>>

自我反思是教师专业成长的有效途径。互联网作为一种新型的反思平台，近年来受到广大教师及教育研究者的青睐。他们积极探索使用不受时间和空间限制的异步交流工具来支持教师教学反思，如公众号、抖音等媒介，有效进行教学反思，促进自身专业成长。

在具体的工作中，学校应鼓励教师积极创建具有个性的宣传媒介，梳理并发布自己的教学成果。同时，鼓励教师撰写教育日志或教学反思，通过不断修正自己的教学行为来取得教育进步。

4. 运用网络技术，提高教师教学能力 >>>>>>>>

只有课堂打开以后，技术才能真正融入其中。在这个过程中，学习不再局限

于课本，教师需要提供更多的资源，设计更宽广的学习场景，充分调动学生的学习主动性，将学生能够自学的内容全部交给学生，更多地通过线上自主学习来完成。对于学生自己学不会或需进一步挖掘的内容，再由教师进行有针对性的线下教学指导，从而实现信息技术与教育教学的深度融合。互联网不仅为教师提供了丰富的课程资源，创造了社群空间，网络技术还为提高教师的教学能力创造了条件。

在课堂转型的过程中，教师需要具备以下几项能力：一是提高信息技术应用能力。教师在教学中运用多媒体辅助教学，培养对信息技术操作使用及课件制作、使用等方面的知识技能，提高工作效率，减轻教师工作负担。二是促进信息技术与课堂教学的融合。教师利用现代媒体技术和丰富的网络资源，创设教学情境、优化教学设计，通过吸纳和借鉴成功的教学经验，丰富教师的教学模式。三是转变教学方式。利用网络优势，进行以学为主、先学后教等教学改变尝试，强调学生自主学习、自我建构，教师辅助教学，促进学生深度学习。

需要提醒的是，技术进入课堂的重点不是"统一化教学"，而是"个性化学习"。在统一化教学中，教师讲授，学生听讲，学生往往处于被动地位；在个性化学习中，基于学生的认知起点，引导学生利用互联网开展交互、探求未知、完善思维，使互联网从观看教师讲课或视频的"终端"变成了联结世界的"窗口"。

5. 运用网络技术，鼓励教师分享研究成果 >>>>>>>

新时代教师的专业发展很大程度依赖于网络的知识共享。因此，每位教师都应该具备通过各种形式交换和传播自己的研究成果的意识，并善于与其他教师进行知识分享的能力。然而，在这个过程中，教师可能会担心自己的研究成果被盗用。为了解决这一部分，我们需要掌握既能共享又能防止盗用的技术。一是为自己的文档增加水印。在 Word 中设置水印的方法是点击工具栏中的"设计"按钮，然后选择"水印"选项，在打开的窗口中选择模板或自定义水印，选好水印样式后点击确定。二是将文档和课件等原创作品以 PDF 形式共享，只需要在保存后选择导出 PDF 文件即可。三是将研究成果上传到正规网站进行展示。一些正规网站是不允许匿名下载的，这有助于追踪研究成果的传播，防止随意盗用。掌握了这些技巧后，教师就可以放心分享自己的研究成果。

教师之间的知识共享可以有效促进专业发展。作为教师专业发展的主要场所，学校应该为教师提供安全分享知识的途径。许多学校开设了企业云盘，既实现了校内资源共享，又保护了教师的研究成果，促进了同行间交流，这种做法值得推广。

总之，未来是信息化时代，世界正处于新旧时代的交替之际。信息类无形产业将成为关键资源，要将中国建设成为强国，就必须依靠信息技术的力量。教育是面向未来的行业，旨在为未来培养人才的。因此，教师必须具有前瞻性，走在时代的前列，从现在起学会运用信息技术开展日常教学，引领学生在信息技术环境中学习知识，利用互联网构建学习社群，找到志同道合的学习伙伴，通过综合性学习锻炼自己的能力，只有这样才能培养出适应新时代的人才。

参考资料

郑旭乐，马云飞，岳婷燕. 欧盟教师数字胜任力框架：技术创新教师发展的新指南[J]. 电化教育研究，2021(2).

倪叶训. 教育信息化现状与发展趋势[J]. 祖国，2017(4).

张海，李哲，俞迫孝宪，刘新丽. 日本教育技术研究的沿革、现状与未来——访日本教育工学会会长铃木克明教授[J]. 现代教育技术，2017(12).

后　记

　　"极简教育技术"是上海师范大学教育学院黎加厚教授提出来的，第一次听说，就有种茅塞顿开的感觉。之前我一直为教育技术在一线教学中应用难、推广难感到困扰。听了这一理念后，我顿时醒悟，不是一线教师不愿意学习或运用先进的教育技术，而是因为有些技术操作复杂，学习难度高、使用效率低，这些因素阻碍了教育技术在一线教学中的常态化应用。教育技术就应该是"简单、易学、实用、有效的"，使用"极简"的教育技术来提高课堂教学效率、科学化测评学生的学习过程、减轻师生负担，这才是广大一线教师最需要的。

　　有了这样的认知后，我就开始在小学语文一线教学中不断尝试。一开始，我通过实践发现办公软件在教学中的新应用，寻找能在教学中使用的"小程序"，收集资源丰富的网站。后来不满足于"拿来"主义，开始带领工作室的成员一起利用"东师理想学堂"平台制作课件；一起录制统编版小学语文习作、小练笔、口语交际的微课。最后，再将这些成果运用到实践中去，边实践边修改。就这样，我积累了丰富的实践经验，也才有了这本书。

　　在本书编辑过程中，得到了很多同行的帮助。参与编写的有敦化市教师进修学校李军(第一章第二部分运用极简教育技术获取小学语文教学资源)，吉林省白城市教育学院高东平(第一章第三部分第一点)，吉林省白城市教育学院戈东岩(第三章第三部分第一点)，长春市宽城区实验小学尹艳红(第五章)，收录了长春市南关区回族小学张耀辉(《"漫画"老师》)、长春市台北明珠学校刘思铭(《爬天都峰》)、长春市第一〇三中学小学部王爽(《伯牙鼓琴》)、长春市朝阳区安民小学郑丽丽(《小池》)的课堂教学案例，收录了长春市教育技术装备与信息中心安伟的吉林省教育科学"十三五"规划 2020 年度一般课题《基于数字化学习环境下的中小学生态语文教学研究》(课题批准号为 GH20719) 的研究文章 (第二章第五部分)。书中提供的课件和微课均由窦继红名师工作室成员录制，主要参与者有：黄继伟、杨林林、张海冰、周丽、沈洁、施啟燕、鲁月、王莉莉、刘胜男、张丽梅、张晓军、张明华、陈晓丹、汤丽芳。

　　本书在编写过程中还得到很多专家给予指导。有上海师范大学教育学院黎加厚教授；"互加计划"负责人吴虹校长；长春市基础教研中心肖宇轩副主任；长春市宽城区教师进修学校李明宇副校长，张秀君主任、教研员王娟。他们在理论上、教学上、信息技术与小学语文学科融合上纷纷提供建议。感谢东北师大理想软件股份有限公司提供的教学平台，感谢钟绍春教授、王柏松主任、陶凌老师在使用过程中的指导。还要感谢北京师范大学编辑冯谦益的悉心指导和帮助，他为这本书的出版付出了辛勤的劳动，在此谨向他们表示衷心的感谢！

　　春去秋来，时光在飞逝，时代在飞速发展。三年来的网络教学，让所有师生和家长都意识到了信息技术对教育的影响。面对新的时代，我们要主动适应，只有这样才能成为时代的弄潮儿，而不是被时代所抛弃。作为一名有着三十多年教龄的老教师，我学习了教育技术，创办了自己的网络公益直播间、抖音直播号、优酷自频道，从无到有，拥有了上百万的流量，努力通过网络渠道，让更多的孩子受益。我相信那些比我年轻的教师，也一定能够运用好教育技术，使自己的教学如虎添翼，为祖国的明天更加美好而努力！

窦继红

2025 年 1 月